21 世纪高职高专规划教材·旅游酒店类系列
项目制任务驱动型教材

酒店服务礼仪

王小静　主编

文泉云盘
防盗码

刮开涂层，扫描二维码，可获取配套电子资源

清 华 大 学 出 版 社
北京交通大学出版社
·北京·

内 容 简 介

本书是根据"任务驱动、项目导向"的教学改革需要进行编写的,并根据酒店实际工作岗位需要的职业能力进行内容设计,在内容组织上打破了以知识为教学核心的教学理念。全书共由8个情景组成。其中,情景一介绍了酒店服务人员必备的仪容、仪表、仪态、言谈等个人形象礼仪;情景二至情景八分别介绍了酒店前厅、客房、餐饮、康乐、会议、商品等部门及国际迎送接待工作的服务礼仪。同时,为了配合具体技能运用的需要,书后还附有我国部分少数民族、港澳台地区、主要客源国或地区常见的礼仪及饮食文化等知识的介绍。

本书主要适用于高等职业院校酒店管理专业的教学,也可供酒店从业人员的培训和自学之用。

图书在版编目(CIP)数据

酒店服务礼仪 / 王小静主编. — 北京 : 北京交通大学出版社 : 清华大学出版社,2014.6(2020.1 重印)

(21世纪高职高专规划教材·旅游酒店类系列)

ISBN 978-7-5121-1795-2

Ⅰ. ① 酒… Ⅱ. ① 王… Ⅲ. ① 饭店-商业服务-礼仪-高等职业教育-教材 Ⅳ. ① F719.2

中国版本图书馆 CIP 数据核字(2014)第 018711 号

酒店服务礼仪

JIUDIAN FUWU LIYI

责任编辑:张利军

出版发行:清 华 大 学 出 版 社   邮编:100084   电话:010-62776969

北京交通大学出版社   邮编:100044   电话:010-51686414

印 刷 者:北京鑫海金澳胶印有限公司

经 销:全国新华书店

开 本:185 mm×260 mm   印张:11   字数:275 千字

版 印 次:2014 年 6 月第 1 版   2020 年 1 月第 5 次印刷

印 数:7 001~8 500 册   定价:28.00 元

本书如有质量问题,请向北京交通大学出版社质监组反映。对您的意见和批评,我们表示欢迎和感谢。

投诉电话:010-51686043,51686008;传真:010-62225406;E-mail:press@bjtu.edu.cn。

出 版 说 明

　　高职高专教育是我国高等教育的重要组成部分，它的根本任务是培养生产、建设、管理和服务第一线需要的德、智、体、美全面发展的高等技术应用型专门人才，所培养的学生在掌握必要的基础理论和专业知识的基础上，应重点掌握从事本专业领域实际工作的基本知识和职业技能，因而与其对应的教材也必须有自己的体系和特色。

　　为了适应我国高职高专教育发展及其对教学改革和教材建设的需要，在教育部的指导下，我们在全国范围内组织并成立了"21世纪高职高专教育教材研究与编审委员会"（以下简称"教材研究与编审委员会"）。"教材研究与编审委员会"的成员单位皆为教学改革成效较大、办学特色鲜明、办学实力强的高等专科学校、高等职业学校、成人高等学校及高等院校主办的二级职业技术学院，其中一些学校是国家重点建设的示范性职业技术学院。

　　为了保证规划教材的出版质量，"教材研究与编审委员会"在全国范围内选聘"21世纪高职高专规划教材编审委员会"（以下简称"教材编审委员会"）成员和征集教材，并要求"教材编审委员会"成员和规划教材的编著者必须是从事高职高专教学第一线的优秀教师或生产第一线的专家。"教材编审委员会"组织各专业的专家、教授对所征集的教材进行评选，对所列选教材进行审定。

　　目前，"教材研究与编审委员会"计划用2~3年的时间出版各类高职高专教材200种，范围覆盖计算机应用、电子电气、财会与管理、商务英语等专业的主要课程。此次规划教材全部按教育部制定的"高职高专教育基础课程教学基本要求"编写，其中部分教材是教育部《新世纪高职高专教育人才培养模式和教学内容体系改革与建设项目计划》的研究成果。此次规划教材按照突出应用性、实践性和针对性的原则编写并重组系列课程教材结构，力求反映高职高专课程和教学内容体系改革方向；反映当前教学的新内容，突出基础理论知识的应用和实践技能的培养；适应"实践的要求和岗位的需要"，不依照"学科"体系，即贴近岗位，淡化学科；在兼顾理论和实践内容的同时，避免"全"而"深"的面面俱到，基础理论以应用为目的，以必要、够用为度；尽量体现新知识、新技术、新工艺、新方法，以利于学生综合素质的形成和科学思维方式与创新能力的培养。

　　此外，为了使规划教材更具广泛性、科学性、先进性和代表性，我们希望全国从事高职高专教育的院校能够积极加入到"教材研究与编审委员会"中来，推荐"教材编审委员会"成员和有特色的、有创新的教材。同时，希望将教学实践中的意见与建议，及时反馈给我们，以便对已出版的教材不断修订、完善，不断提高教材质量，完善教材体系，为社会奉献更多更新的与高职高专教育配套的高质量教材。

　　此次所有规划教材由全国重点大学出版社——清华大学出版社与北京交通大学出版社联合出版，适合于各类高等专科学校、高等职业学校、成人高等学校及高等院校主办的二级职业技术学院使用。

21世纪高职高专教育教材研究与编审委员会

2014年6月

前 言

近年来，国家大力推进以服务为宗旨、以就业为导向的职业教育改革，取得了一定的研究成果，尤其是在课程改革环节，提出了工作过程导向、项目导向、任务驱动等一系列新理念、新方法、新理论。随着课程改革的进行，作为课程内容载体的教材也必然要进行改革。新教材应按照课程改革的思路进行重构，打破传统的教材编写模式，采用新的编写方法，如任务驱动编写模式等。为满足课程和教学改革的需要，特编写《酒店服务礼仪》这本教材。

酒店服务礼仪既是酒店深层文化的重要表现，也是酒店人力资源培训的重点，它贯穿于酒店服务活动的全过程，是实现酒店优质服务的基本保障。本书是根据"任务驱动、项目导向"的教学改革需要进行编写的，并根据酒店实际工作岗位需要的职业能力进行内容设计，在内容的组织上打破了以知识为教学核心的教学理念，全书共由 8 个情景组成。其中，情景一介绍了酒店服务人员必备的仪容、仪表、仪态、言谈等个人形象礼仪；情景二至情景八分别介绍了酒店前厅、客房、餐饮、康乐、会议、商品等部门及国际迎送接待工作的服务礼仪。同时，为了配合具体技能运用的需要，本书还附有我国部分少数民族、港澳台地区、主要客源国或地区的常见礼仪及饮食文化等知识的介绍。

本书是为高职院校酒店管理专业的学生量身定做的情景课程教材，具有以下特色。

（1）教材内容与酒店实践紧密结合，形成工学结合的高职特色。

教材内容的选择、能力训练情景载体的设计根据完成酒店各部门实际工作任务所需能力、知识来选取，体现了任务驱动、情景导向；课程框架、训练情景的安排按照酒店业各部门的实际工作过程和真实工作任务进行序化；为了紧跟酒店工作岗位的需求，酒店参与教学环节，课程目标、课程设计、情景安排等均由教材编写组和酒店合作研讨制定。

（2）将知识点、技能要求与具体工作任务联系起来，突出知识与技能要求的岗位针对性。

教材内容以情景训练的形式表现和达成。情景强调实践教学训练，对知识、技能点的选择进行更深层次的思考和改革。本书重视知识和技能在酒店实际工作中的综合应用，着眼于提升学生解决实际问题的能力，使学生对未来酒店就业岗位建立起全面的认识，为学生未来工作岗位所需能力的形成打下坚实的基础。

本书注重实际工作情景的导入和学生礼仪素质的培养，从细节入手，狠抓岗位实践。因此，本书既可作为职业技术院校的教学用书，也可作为酒店推行服务礼仪教育的培训用书。

编 者

2014 年 6 月

目　　录

情景一

酒店员工个人形象礼仪

任务一　酒店员工仪容礼仪

项目一　头发的修饰

请你思考：走进饭店，服务员端庄的相貌、修饰得体的容貌、恰到好处的发型、宜人清新的味道、发自内心的微笑，犹如一股春风扑面而来，迎接着来自四面八方的朋友们。那么，饭店服务人员如何来塑造自己得体的形象呢？

⚡ **导　读**

一个人的形象是一份特殊的资产，美好的形象更是无价之宝。酒店作为服务部门和国际交流的窗口，对员工的形象礼仪有更严格的规范。酒店员工形象礼仪主要由仪容、仪表和仪态礼仪构成，三个方面缺一不可。我们首先从仪容礼仪谈起。美丽的容貌令人赏心悦目，但天生丽质的人毕竟是少数，随着岁月的流逝，青春也难永驻。因此，要提倡科学的保养、积极的美容。长期的养护，再加上适当的美化可以使人的容貌大为改观，所谓"三分长相、七分打扮"，就是此理。

完美形象，从头开始。发型对于一个人整体形象的塑造具有重要的作用。一个人的风貌呈现在别人眼前时，头发首先被人注意到，直接影响到别人对你的印象。饭店服务人员的发型修饰，不但应恪守一般人的普遍要求，还应符合饭店行业的特殊要求及饭店企业的具体规定，不能随心所欲。

一、学习目标
【知识目标】
● 能够熟练掌握酒店员工头发护理与修饰的基本知识及要求。
【技能目标】
● 能辨认自己头发的性质。
● 能根据自己发质熟练掌握护理要领。

● 能根据自己脸型选择合适的发型。

⚡ 训练任务

1. 实训目的

通过对头发护理及修饰基础知识的学习和操作技能的训练,学生应能辨认自己的发质,掌握头发护理的基本方法及酒店员工发型选择的基本要求。

2. 实训要求

自备梳子、镜子和发套等用品,为实训做准备。态度认真,积极参与,并把所学知识落实到实际生活中。

3. 活动设计

首先,同学们分组互评其他组同学的头发护理及修饰情况,再由教师对讨论结果进行评论,使同学们了解到发饰美的重要性。然后,教师对头发护理及发型设计的基本知识进行讲解,并利用视频展示不同发质发型的效果。最后,学生再次分组讨论各自的发质及发型设计,由教师进行纠正。注意,按照酒店员工头发修饰的基本要求设计训练内容。

⚡ 案例导入

只是头发问题吗?

2011年10月,北京市国家旅游局的考查人员来到北京丽景湾国际酒店的餐厅用餐。他们此次来到北京丽景湾酒店的主要任务是担任星评,暗中对酒店的质量、服务、硬件和软件标准进行考查。12号下午,他们化装成普通客人来到中餐厅用餐。等到用餐完毕后,对酒店的星级标准进行了一次评估,并针对酒店服务人员的服务质量和仪容仪表等作了一番点评。

星评首先肯定了酒店总体的服务质量,服务流程的操作比较规范,总体上符合五星标准,但他们认为在仪容仪表上还存在一些小问题。比如,星评对本酒店的发型做了肯定,大部分女服务员还是做得不错,前额没留任何头发,并在头发后挽一个髻,感觉很干净利落。但同时也指出了不足,有个别服务员的头发不符合要求,头发太油,贴在头皮上,显得不卫生,而且刘海太长、差不多遮住了眉毛,显得凌乱。酒店服务员本就不应该留刘海,因为刘海会给人一种不是很干净利落的感觉,弄不好头发还会不小心掉在汤、菜里面。

思考:

酒店服务人员应该如何护理和修饰头发?

分析提示:

头发是仪容非常重要的一部分,它反映了一个人的精神状态,对酒店员工而言,还影响酒店整体形象。酒店服务人员发型修饰的最基本要求为整洁大方,女员工不宜梳披肩发,长发应扎起来或盘成发髻,头发亦不可遮挡眼睛,刘海不及眉,头饰以深色小型为好,不可夸张耀眼。

二、实训内容

发型修饰,是指人们依照自己的审美习惯、工作性质和自身特点,而对自己的头发所进行的清洁、修剪、保养和美化。酒店服务人员在进行个人发型修饰时主要应注意两点,即头发的护理和发型的选择。

(一) 头发的护理训练

了解头发的性质,是护理头发的第一步。根据自己发质,选用适合自己的洗护用品及方法,才能保持头发的健康美丽。下面是四种发质的的特征及护理方法,看看自己属于那种类型。

1. 干性头发的特征与护理方法

1)干性头发的特征

油脂少,头发干枯、无光泽;缠绕、容易打结;松散,头皮干燥、容易有头皮屑。特别在浸湿的情况下难以梳理,且通常头发根部颇稠密,但至发梢则变得稀薄,有时发梢还开叉。头发僵硬,弹性较差,其弹性伸展长度往往小于25%。干性发质是由于皮脂分泌不足或头发角质蛋白缺乏水分,经常漂染或用过热的水洗发,天气干燥等造成。

2)干性头发的护理方法

(1)使用营养丰富的洗发水,无须天天洗发。

(2)每星期焗油两次。

(3)避免暴晒在阳光下,宜用有防晒成分的护发产品和补湿产品。

2. 油性头发的特征与护理方法

1)油性头发的特征

发丝油腻,洗发后翌日,发根已出现油垢,头皮如厚鳞片般积聚在发根,容易头痒。由于皮脂分泌过多而使头发油腻,大多与荷尔蒙分泌紊乱、遗传、精神压力大、过度梳理以及经常进食高脂食物有关,这些因素可使油脂分泌增加。发质细者,油性头发的可能性较大,这是因为每一根细发的圆周较小,单位面积上的毛囊较多,皮脂腺相应增多,故分泌皮脂也多。

2)油性头发的护理方法

(1)注意清洁头皮。

(2)不要用太强洗发剂,要用专门平衡油脂的洗发产品。

(3)不可用过热的水洗头,只可用温水。每天洗发后,使用能收紧头皮、控制油脂分泌的活发露。

（4）护发素只宜涂在发干上，不要涂在头皮上。

（5）不要经常用发刷擦头，宜以梳子代替发刷，并只梳理发丝。

3. 中性头发的特征与护理方法

1）中性头发的特征

不油腻，不干燥；柔软顺滑，有光泽，油脂分泌正常，只有少量头皮屑。如果没有经过烫发或染发，保持原来的发型，总能风姿长存。

2）中性头发的护理方法

（1）选用温和而水分含量大的产品来保护发质。

（2）定期修剪，保持秀发营养充足。

4. 混合型头发的特征与护理方法

1）混合型头发的特征

头发油但头发干，是靠近头皮1厘米左右以内的发根多油，越往发梢越干燥，甚至开叉的混合状态。处于行经期和青春期少年多为混合型头发，此时头发处于最佳状态，而体内的激素水平并不稳定，于是出现多油、干燥并存的现象。此外，过度进行烫发或染发，又护理不当，也会造成发丝干燥、但头皮仍油腻的发质。

2）混合型头发的护理方法

（1）集中于修护发干，避免头发开叉或折断。

（2）停止烫发染发，修剪干枯头发，让头发得到休养。

（3）选用保湿型护发素。

（4）改善个人饮食习惯，少食油腻食品，增加黑色食品的摄入量。

（二）发型的选择训练

在选择发型时要注意与自己的脸型相适合。发型与脸型搭配的原则是，使各种脸型接近比较标准的椭圆脸型。人的脸型大致可以分为7种，以下是这7种脸型的特征及发型选择标准。

（1）椭圆脸型：是一种比较标准的脸形，很多发型均适合，并能达到很和谐的效果。

（2）圆脸型：圆圆的脸给人以温柔可爱的感觉，较多的发型都能适合，如长、短毛边发型，秀芝发型。只需稍微修饰一下两侧头发，使之向前就可以了，不宜做太短的发型。

（3）长方脸型：避免把脸部全部露出，刘海做一排，尽量使两边头发有蓬松感，如长蘑菇发型、短秀芝发型、学生发型，不宜留长直发。

（4）方脸型：方脸型缺乏柔和感，做发型时应选择柔和发型，可留长一点的发型，如长穗发、长毛边或秀芝发型，不宜留短发。

（5）正三角脸型：刘海可削薄薄一层，垂下，最好剪成齐眉的长度，使它隐隐约约表现额头，用较多的头发修饰腮部，适合学生发型，齐肩发型，不宜留长直发。

（6）倒三角脸型：做发型时，重点注意额头及下巴，刘海可以做齐一排，头发长度超过下巴两厘米为宜，并向内卷曲，增加下巴的宽度。

（7）菱形脸型：这种脸形颧骨高宽，做发型时，重点考虑颧骨突出的地方，用头发修饰一下前脸颊，把额头头发做蓬松以拉宽额头发量，如毛边发型、短穗发等。

▶ 小贴士

对于酒店服务人员，在为自己选择发型时，首先必须优先考虑自己的职业，选择与自己身份相符的发型，符合本行业的"共性"，切忌发型过分时髦，尤其不要标新立异。选择极端前卫的发型，过分地强调新潮和怪诞，容易和客人产生一种隔阂，令人避而远之。

男员工上岗前头发修饰的注意事项：

（1）头发整洁，头屑少，没有气味；

（2）发型优美，发质有光泽；

（3）头发长度不能过眉、过耳、过后衣领。

女员工上岗前头发修饰的注意事项：

（1）头发整洁，头屑少，没有气味；

（2）发型优美，发质有光泽；

（3）头发亦不可遮挡眼睛，刘海不及眉；

（4）不宜梳披肩发，长发应扎起来或盘成发髻；

（5）头饰以深色小型为好，不可夸张耀眼。

▶ 实训考核

组别：_____ 姓名：_____ 时间：_____ 成绩：_____

	小组互评（50%）	教师评分（50%）	总分（100）
听课认真程度			
发质认识准确程度			
设计发型美观程度			
酒店员工发饰美了解程度			
参与实训认真程度			

项目二 面部的修饰——化妆

⚡ 导 读

面部，又称面孔、脸部、脸面。一般而言，它所指的是人的头的前部，包括上至额头，下到下巴这一部分。人的五官，如耳、目、口、鼻等，均位于面部，而且也是面部的引人注目之处。面部是仪容之中最引人注意的地方，如果能对面部实施合适的护理，再加上巧妙的修饰美化，会使人青春永驻，可爱动人。在传统印象里，化妆保养是女性的专利。而实际上，男性一样需要"爱面子"。尤其是酒店男性从业人员，适当的面部修饰可以使其以更有活力的形象做好服务工作。因此，了解科学的面部修饰基本常识，掌握修饰的技能技巧和方法，应该成为酒店男女从业人员的基本功之一。

一、学习目标

【知识目标】

● 能够熟练掌握酒店男女员工面部护理的基本常识。

● 能够熟练掌握酒店员工面部修饰的基本原则。

● 了解搞好个人卫生的注意事项。

【技能目标】

● 能够按照正确的程序保养皮肤。

● 能够掌握化淡妆的步骤和技巧。

⚡ 训练任务

1. 实训目的

通过对面部护理及修饰基础知识的介绍和操作技能的训练，学生应能认识到面部护理和修饰的重要性，掌握面部保养的方法和化淡妆的基本技能。

2. 实训要求

自备基本护肤用品、化妆品、镜子等用品，为实训做好准备。要求面部清洁、妆容淡雅，能使人显得更加容光焕发、充满活力。

3. 活动设计

首先由教师示范讲解；然后同学分组进行操作练习，包括面部皮肤基本护理和化淡妆，互相进行点评，再由教师进行指导；最后考核测试。

⚡ 案例导入

长满痘痘的脸

某酒店一名前台服务员身材高挑挺拔，但脸上经常长一些恼人的小痘痘，即使再认真化妆也遮盖不了，这些痘痘直接影响了她职位的升迁，使早已过了青春期的她非常烦恼。

思考：

酒店服务人员进行面部护理和修饰时应注意什么？

分析提示：

经常长痘痘可能是皮肤护理的步骤和方法不正确，也可能是化妆品使用不当。在面部护理和修饰方面要注意以下几点。

（1）保持乐观、开朗的心境。这是最好的美容化妆品。

（2）掌握正确的洁面方法。一方面，选用优质、合适的洁面用品彻底清洁面部；另一方面，注意洗脸水的温度应与室温相当，不宜过高，用温水和冷水交替洗脸，可达到收缩毛孔的作用。

（3）每天多喝白开水，可保持皮肤的滋润。每天早餐前可以喝一杯蜂蜜水清洗肠胃。

（4）注意合理饮食。少吃煎炸、辛辣的食物，每天保证足够的新鲜蔬菜和水果，注意营养的均衡吸收。

（5）保证有充足的睡眠。睡眠充足，会让人精力充沛、容光焕发。

（6）定期清洗化妆工具和清理化妆品，不借用他人的化妆品。

二、实训内容

（一）男性员工面部修饰

一般我们认为男性不必在个人修饰方面花费精力，但是，作为企业形象的一个窗口，从事饭店服务工作的男士要注意以下几点。

（1）洗面：男士由于皮肤多油性、毛孔粗大，一般选用泡沫丰富的洁面品，彻底洗净面部。

（2）剃须：首先要清洁肌肤，把髭须淋湿，尽量用毛巾热敷使肌肤柔软，然后再抹剃须膏进行剃须。剃须后宜用冷水冲洗以收敛肌肤毛孔。

（3）护肤：首先在洗脸或刮胡子后，涂些化妆水，可收敛毛孔，也可护肤；然后涂上乳液。但在选择面霜时要注意男性和女性的皮肤生理完全不同，女性随着年龄增长皮脂分泌量减少，肌肤易干燥，而男性的皮脂分泌却与年龄无关，始终易油腻。因此，男性宜选择能防止肌肤干燥缺水和粗糙状况，滑爽滋润但无油腻感的乳液。

（4）护唇：男性同样也忌口唇干裂，尤其在冬天，青紫色的嘴唇会使即使保养很好的面部大打折扣。要注意经常使用唇膏，保持唇部油润，以显得朝气蓬勃、精神饱满。当然，男性使用的唇膏无须颜色鲜艳，可用浅色或无色的。如果嘴唇裂得很厉害，可在晚上睡前涂上唇膏，再盖上纱布或口罩，第二天早上除去纱布和口罩，干裂的情况就会消失。

（5）改变面色：有些人脸色苍白、灰暗，可在面霜中加入少许的口红涂抹面部，令人感到健康自然。

▷ ▬▬ 小贴士 ▬▬

服务人员的个人卫生，除了按照饭店的规定，穿着保持干净整洁外，还要做到"五勤"、"三要"、"七不"和"两个注意"。

"五勤"的具体内容是勤洗澡，勤理发，勤刮胡须，勤刷牙，勤剪指甲。

（1）勤洗澡。要求有条件的服务员每天洗澡。因为不及时洗澡，身上的汗味很难闻。特别是在夏季，客人闻到后会很反感，这样会影响服务质量。冬天也要每隔一两天就洗澡，应该在工作前洗，以保证服务时身体无异味。

（2）勤理发。男服务员一般两周左右理一次发，不留怪发型，发长不过耳，不留大鬓角，上班前梳理整齐。女服务员发长不过肩，亦不能留怪发型，上班前应梳理整齐。

（3）勤刮胡须。男服务员每天刮一次胡须，保持面部干净整洁。洗脸刮胡须后，用一般的、香味不浓的护肤用品护肤。不要香气很浓地为客人服务，会引起客人的反感。

（4）勤刷牙。服务员要养成早晨、晚上刷牙的习惯，餐后要漱口。美丽洁白的牙齿，会给客人留下良好的印象。

（5）勤剪指甲。这是养成良好卫生习惯的起码要求。手指甲内有许多致病细菌，如果指甲很长很脏，在为客人上菜、斟酒时会让客人很反感。女服务员不允许涂抹指甲油，因为指甲油容易掉，客人看见手指涂有指甲油会产生联想，认为菜中也会有掉下的指甲油。服务员每星期要剪一至两次指甲，勤洗手，保持手部的清洁，这样可以减少疾病的传播。

"三要"的内容是：在工作前后、大小便前后要洗手，工作前要漱口。

"七不"的内容是：在客人面前不掏耳，不剔牙，不抓头皮，不打哈欠，不抠鼻子，不吃食品，不嚼口香糖。

"两个注意"的内容是：服务前注意不食韭菜、大蒜和大葱等有强烈气味的食品；在宾客面前咳嗽、打喷嚏须转身，并掩住口鼻。

（二）女性员工面部修饰

女性化妆的基本程序如下。

（1）清洁面部。用温水及洗面奶彻底洗去脸上的油脂、汗水、灰尘等污秽，以使妆面光艳美丽。

（2）护肤。将收缩水或爽肤水适量倒入掌心，轻拍在前额、面颊、鼻梁、下巴等处，然后根据肤质抹上护肤液（霜）或美容隔离液（霜）。

（3）基础底色。选择适合自己皮肤的粉底，不要使用太白的底色，否则会让人感到失真。

（4）定妆。为了柔和妆色以及固定底色，要用粉饼或散粉定妆，粉的颗粒越细越自然。

（5）修眉。脸盘宽大者，眉毛不宜修得过长过直，相反，应描得适度弯一些、柔和一些。五官纤细者，就不宜将眉修饰得太浓密。描眉时，应将眉笔削成扁平状，沿眉毛的生长方向一根根地描画，这样描出的眉毛有真实感，而不要又浓又粗地画成一片。

（6）画眼线。沿睫毛根部、贴近睫毛，由外眼角向内眼角方向画出眼线，上眼线应比下眼线重些，上眼线从外眼角向内眼角描十分之七长，下眼线描十分之三长。

（7）涂眼影。眼影的颜色要适合自己的肤色和服装的颜色。

（8）抹睫毛膏。先用睫毛夹使睫毛卷曲，然后用睫毛刷把睫毛膏均匀地涂抹在睫毛上，但不宜抹得过厚，否则会让睫毛粘住，给人以造作之感。

（9）腮红。用胭脂扫将胭脂涂扫在面颊的相应部位。

（10）涂口红。涂口红可加深嘴的轮廓，让脸部更加生动，富有魅力。涂口红时先用唇线笔画出理想的唇型，然后填入唇膏。按上嘴唇从外向里，下嘴唇从里向外的顺序进行。口红的颜色应根据肤色、服装的颜色及场合来选用。

知识拓展

酒店工作者化妆的原则

1. 美化的原则

美化的原则是从效果来说。要使化妆达到美的效果，首先必须了解自己脸部各部位的特点，孰优孰劣要心中有数；其次还要清楚怎样化妆和矫正才能扬长避短，变拙陋为俏丽，使容貌更迷人。也就是说，需要把握脸部个性特征，并具备正确的审美观。

2. 自然的原则

自然是化妆的生命，它能使化妆后的脸看起来真实而生动，不是一张呆板生硬的面具。化妆失去了自然效果，那就是假，假的东西自然就无生命力和美可言了。自然的化妆要依赖正确的化妆技巧、合适的化妆品；要一丝不苟、井井有条；要讲究过渡、体现层次；要点面到位、浓淡相宜。总之，要使化妆说其有，看似无，就像化妆的人天生长了一张美丽的面容。化妆时不讲艺术手法手段，胡来一气，或者敷衍了事，片面追求速度，都有可能使妆面失真。

3. 协调的原则

（1）妆面协调：指化妆部位色彩搭配、浓淡协调，所化的妆符合脸部个性特点，整体设计协调。

（2）全身协调：指脸部化妆还必须注意与发型、服装、饰物协调，力求取得完美的整体效果。如穿大红色的衣服或配了大红色的饰物时，口红可以采用大红色的。

（3）场合协调：指化妆要与所去场合的气氛一致。日常办公，妆可以化淡一些；出入宴会、舞会场合，妆可以化浓一些，尤其是舞会，妆可以亮丽一些；参加追悼会，素衣淡妆，忌使用鲜艳的红色化妆。不同的场合，不同的化妆，相得益彰，不仅使化妆者内心保持平衡，而且会使周围的人心理融洽。

◐ 实训考核

组别：_____ 姓名：_____ 时间：_____ 成绩：_____

	小组互评（50%）	教师评分（50%）	总分（100）
听课认真程度			
面部修饰步骤准确程度			
面部修饰美观程度			
参与实训认真程度			

项目三　正确的着装

⚡ **导　读**

　　服装是一种"语言"，它不仅能表达出一个人的社会地位、文化品位以及生活态度，更能反映一个国家或民族的经济水平、文化素养、精神文明与物质文明的程度。因此，对于身处窗口行业的饭店服务人员来说，仪表礼仪更是马虎不得，大多数酒店也会要求员工工作中必须穿着饭店精心设计的员工制服，并按规定进行修饰。饭店服务人员穿着醒目的制服不仅是对客人的尊重，便于客人辨认，而且也使穿着者有一种职业的自豪感、责任感，是敬业、乐业在服饰上的具体表现。

一、学习目标

【知识目标】

◉ 熟练掌握制服、衬衣、鞋袜穿着的规范及领带打法。

【技能目标】

◉ 能够完成服装和鞋袜穿着前整洁程度、完好程度、型号尺码等方面的自我检查。

◉ 能够做好着装后的自我检查和换装后的保管。

◉ 能够掌握鞋袜的着装规范。

◉ 熟练地掌握几种领带的打法。

⚡ **训练任务**

1. 实训目的

通过对酒店员工正确着装方法的学习和训练，学生应能认识到酒店服饰礼仪的重要性，并能熟练地进行得体的着装。

2. 实训要求

大小合身，颜色协调，整洁得体，操作熟练。

3. 活动设计

先由案例导入，让学生进行讨论；然后教师示范讲解，再让同学分组进行操作练习，教师进行指导；最后考核测试。制服礼仪训练时可以由学生先进行自我检查并分组互相评分。学习打领带环节可以让同学们分组进行训练，并互相进行点评。

⚡ 案例导入

红 袜 子

某西餐女服务员身穿黑色皮鞋和红色棉袜，并且没有戴工牌，遭到了领班的批评。

思考：

红色袜子颜色鲜艳又舒适，有什么不妥？

分析提示：

服饰礼仪显示了服务员的精神面貌、敬业精神和对客人的尊重，是非常重要的。因此，穿着搭配必须讲究协调，否则就会给人不舒服的感觉。国际通行的服饰 TPO 原则强调：穿着要应时；穿着要应地；穿着应己。黑皮鞋和红袜子颜色不协调，会给客人造成邋遢和不修边幅的不良印象。

二、实训内容

（一）制服、衬衣的穿着

制服、衬衣的穿着如表 1-1 所示。

表 1-1 制服、衬衣的穿着

训练项目	操作标准	基本要求
制服和衬衣穿着前的检查	1. 从洗衣部员工手中接过制服时，确认自己的岗位制服 2. 确认适合自己的尺码 3. 重点检查领口和袖口的洁净 4. 细心检查衣服上是否有油污陈迹、扣子是否齐全、是否有漏缝或破边	按顺序检查，发现问题及时调换
制服和衬衣的穿着	1. 从衣架上取下衬衣，穿好 2. 衬衣穿好后下摆必须在裤子或套裙里面 3. 对着镜子检查，扣子是否扣齐，穿着是否符合规范 4. 换下不需洗涤的衣物应挂在衣架上	制服口袋不许装与工作无关的任何物品

（二）鞋袜穿着前的检查

鞋袜穿着前的检查如表 1-2 所示。

表 1-2　鞋袜穿着前的检查

训练项目	操作标准	基本要求
鞋袜穿着前的检查	1. 颜色式样。皮鞋或布鞋以素色或黑色为主，式样以端庄、大方为主 2. 整洁。皮鞋应该经常擦油，保持干净光亮；布鞋也应该保持干净 3. 完好。及时修补小破损 4. 男士袜子的颜色应该与鞋子颜色和谐 5. 女士着裙装应穿与肤色相近的长丝袜	1. 鞋子颜色应比制服的颜色深 2. 女士袜子不可太短，不可穿有抽丝破损的长丝袜上班

（三）饰物佩戴

饰物佩戴的操作标准和基本要求如表 1-3 所示。

表 1-3　饰物佩戴的操作标准和基本要求

训练项目	操作标准	基本要求
饰物佩戴	1. 帽子要戴端正，符合规范 2. 工号牌要端正地别在西装左胸翻领上或其他制服左胸上方 3. 领带（领结）经常是制服的组成部分，配套的制服应按规定系好领带 4. 领带扎在硬领衬衣上，扎前衬衣的第一个纽扣应当扣上 5. 系领带不能过长或过短，站立时下端齐及腰带为最好 6. 领带系好后，前面宽的一面应长于里面窄的一面 7. 如果须用领带夹，其位置在衬衣的第四、第五个纽扣之间 8. 领带不用时，应打开领结，垂直吊放，以备再用	不同场合佩戴不同的饰物，从整体看要给人整洁、大方的印象

◀ 知 识 拓 展 ▶ ────────────── ☞

服饰色彩选择应考虑的因素

在选择服饰色彩的时候，不仅要考虑色彩之间的相配，还要考虑与着装者的年龄、体形、肤色、性格、职业等相配。

1. 服饰色彩与年龄

无论年轻人还是年长者，都有权利打扮自己。但是在打扮时要注意，不同年龄的人有不同的着装要求。年轻人的穿着可鲜艳、活泼和随意些，这样可以充分体现年轻人朝气蓬勃的青春美；而中老年人的着装则要注意庄重、雅致、含蓄，体现其成熟和端庄，充分表现出成熟之美。但无论何种年龄段，只要着装与年龄相协调，都可以显示出独特的韵味。

2. 服饰色彩与体形

不同的体形，着装意识应有所区别。

对于高大的人而言，在服装选择与搭配上要注意：服装宜选择深色、单色为好，太亮、太淡、太花的色彩都有一种扩张感，使着装者显得更高、更大。

对于较矮的人而言，服饰色彩宜稍淡、明快柔和些为好，上下色彩一致可以造成修长之感。

对于较胖的人而言，在服饰色彩的选择上，应以冷色调为好，过于强烈的色调就显得更胖。

对于偏瘦的人而言，服饰色彩应以明亮柔和为好，太深、太暗的色彩显得更加瘦弱。

3. 服饰色彩与肤色

肤色影响着服饰配套的效果，也影响着服装及饰物的色彩。但反过来说服饰的色彩同样作用于人的肤色而使肤色发生变化。

（1）肤色发黄或略黑、粗糙的人，在选择服色时应慎重。服色的调子过深，会加深肤色偏黑的感觉，使肤色毫无生气；也不宜用调子过浅的服色，色泽过浅，会反衬出肤色的黝黑，同样会令人显得暗淡无光。这种肤色的人最适宜选择的是与肤色对比不强的粉色系、蓝绿色；最忌色泽明亮的黄、橙、蓝、紫或色调极暗的褐色、黑紫、黑色等。

（2）肤色略带灰黄，不宜选用米黄色、土黄色、灰色的服色，否则会显得精神不振和无精打采。

（3）肤色发红，应选择稍冷或浅色的服饰，但不宜使用浅绿色和蓝绿色，因为这种强烈的色彩对比使肤色显得发紫。

4. 服饰色彩与性格

不同的性格需要由不同的色彩来表现，只有选择与性格相符的服色才会给人带来舒适与愉快。性格内向的人，一般喜欢选择较为沉着的颜色，如青、灰、蓝、黑等；性格外向的人，一般以选用暖色或色彩纯度高的服饰为佳，如红、橙、黄、玫瑰红等。

5. 服饰色彩与职业

不同的职业有不同的着装要求。如法官的服色一般为黑色，以显示出庄重、威严；银行职员的服色一般选用深色，这会给客户以牢靠、信任的感觉。

▶ **实训考核**

组别：_____ 姓名：_____ 时间：_____ 成绩：_____

	小组互评（50%）	教师评分（50%）	总分（100）
听课认真程度			
制服衬衣着装步骤熟练程度			
鞋袜穿着规范的掌握情况			
基本领带打法的掌握情况			
参与实训认真程度			

任务二　酒店员工仪态礼仪

项目一　正确的站姿

⚡ **导　读**

　　培根曾言："相貌的美高于色泽的美，而秀雅合适的动作的美又高于相貌的美。"这里的动作之美主要指一个人的仪态。一个人的礼仪修养，别人从他的一举一动中都可以觉察出来。因为仪态比相貌更能表现人的精神气质，仪态往往比语言更真实，更富有魅力。现代科学研究表明，无声语言显示的意义要比有声语言多得多，而且深刻得多，因为许多有声语言把所表达的意思的大部分甚至绝大部分隐藏起来了。酒店是一个特殊的社交场合，仪态举止相当重要。这里同学们主要学习站、坐、蹲、走及手势和表情语言。

　　本项目主要学习如何形成典雅的站姿。站姿是人的静态造型动作，是其他人体动态造型的基础和起点，同时也是一个人良好气质和风度的展现。优美的站姿能显示人的自信，并给他人留下美好的印象。典雅的站姿将使你终身受益。酒店中大部分服务员、服务员的大部分时间都是采用站立服务方式的，因此站立对酒店服务人员的形象来说显得特别重要。站姿的基本要求是站如松，像一株千年古松一样端正挺拔。

一、学习目标

【知识目标】

◉ 能够熟练掌握正确站姿的基本要求、动作要领，以及配合不同场合站姿的手位动作要求。

【技能目标】
- 能够按照动作要领做出良好的站姿。
- 能够根据不同的场合配合站姿做出合适的手位动作。

⚡ 训练任务

1. 实训目的

通过对站姿的学习和训练，同学们应充分认识到良好站姿的重要性，能熟练掌握各种站姿的要领及相适应的手位动作，并在日常生活中养成站立的良好习惯。

2. 实训要求

动作协调自然，神情端庄大方，同时克服不良的站立习惯。

3. 活动设计

先由教师讲解示范；然后同学分组进行操作练习，教师进行指导；最后考核测试。同学们可以先注意下身的姿态，然后再训练上身的姿态。两人一组，背靠背站立同时练习，然后小组互评。指定学生代表在课下观察同学们的日常站姿，及时纠正，以便同学们在平时就养成良好的站立习惯。

⚡ 案例导入

前台接待不见了

李红去某酒店前台进行登记入住，但却看不到前台服务员，好一会才突然冒出一个人来，原来是该服务员站立时习惯伏在桌子上，而不是标准的站立。

思考：

前台服务员在工作中应保持什么样的站姿？

分析提示：

优美标准的站姿对良好的服务非常重要；站立时要达到身体挺拔，首先是身体肌肉做到既紧张、又放松，如头顶上悬、肩下沉，腹肌形成夹力，髋上提，脚趾抓地等协调配合；其次是要不断地提高自身的修养，加强内在素质的培养，在性格、意志上磨炼自己，使自己在形态上能给人一种挺拔向上、舒展健美、庄重大方、亲切有礼、精力充沛的印象。

二、实训内容

良好站姿的操作标准和基本要求如表1-4所示。

表 1-4　良好站姿的操作标准和基本要求

训练内容	操作标准	基本要求
侧立式立姿	1. 头抬起，面朝正前方，双眼平视，下颌微微内收，颈部挺直，双肩放松，呼吸自然，腰部直立 2. 脚掌分开呈"V"字形，脚跟靠拢，两膝并严，双手放在腿部两侧，手指稍弯曲，呈半握拳状	站得端正、自然、亲切、稳重，即要做到"立如松"
前腹式立姿	1. 同"侧立式立姿"操作标准第1条 2. 脚掌分开呈"V"字形，脚跟靠拢，两膝并严。双手相交放在小腹部	
后背式立姿	1. 同"侧立式立姿"操作标准第1条 2. 两腿稍分开，两脚平行，比肩宽略窄些，双手在背后轻握放在后腰处	
丁字式立姿	1. 同"侧立式立姿"操作标准第1条 2. 一脚在前，将脚跟靠于另一脚内侧，两脚尖向外略展开，形成斜写的一个"丁"字，双手在腹前相交，将身体重心移向左脚或右脚	

▶ 小贴士

对服务行业尤其是酒店行业来说，站立时最忌讳以下行为。

（1）东倒西歪。

工作时东倒西歪，站没站相，坐没坐相，很不雅观。

（2）耸肩勾背。

耸肩勾背或者懒洋洋地依靠在墙上或椅子上，这些将会破坏自己和企业的形象。

（3）双手乱放。

将双手插在裤袋里，随随便便，悠闲散漫，这是不允许的。另外，双手抱于脑后、双肘支于某处、双手托住下巴、手持私人物品皆不可。

（4）脚位不当。

人字步、蹬踏式、双腿大叉开都是不允许的。

（5）做小动作。

下意识地做小动作，如摆弄打火机、香烟盒，玩弄衣服、发辫，咬指甲、腿脚抖动等，这样不但显得拘谨，给人缺乏自信的感觉，而且还有失仪表的庄重。

知识拓展

<h2 style="text-align:center">不同场合的站姿</h2>

1. 正式场合

1）肃立

身体直立，双手置于身体两侧，双腿自然并拢，脚跟靠紧，脚掌分开呈"V"字形。

2）直立

身体直立，双臂下垂置于腹部。女性将右手搭握在左手四指，四指前后不要露出，两脚可平行靠紧，也可前后略微错开；男性左手握住右手腕，贴住臂部，两脚平行站立，略窄于肩宽。直立的站法比肃立显得亲切随和些。

2. 非正式场合

1）车上的站姿

在晃动的车（或其他交通工具）上，可将双脚略分开，以求保持平衡，但开合度不要超过肩宽；重心放在全脚掌，膝部不要弯曲，稍向后挺，即使低头看书，也不要弯腰驼背。

2）等人或与人交谈的站姿

可采取一种比较轻松的姿势。脚或前后交叉，或左右开立，肩、臂不要用力，尽量放松，可自由摆放，头部须自然直视前方，使脊背能够挺直。采用此姿势，重心不要频繁转移，否则给人不安稳的感觉。

3）接待员式站姿

腿型呈"O"形的人，即使脚后跟靠在一起，膝部也无法合拢，可采用此种站姿。将右脚跟靠与左脚中部，使膝部重叠，这样可以使腿看起来较为修长。手臂可采用前搭或后搭的摆法。拍照或短时间站立谈话时，都可采用此种站姿。

3. 与站立姿势相配合的手位动作的基本要求

（1）酒店业的男士站姿应做到身体立直，挺胸抬头；双手在身后交叉，即右手搭在左手上，贴在尾骨处。

（2）酒店业的女士站姿应提髋立腰，吸腹收臀，双手在腹前交叉，即右手搭在左手上，置于腹部。

4. 站姿辅助练习

（1）提踵：脚跟提起，头向上顶，身体有被拉长的感觉，注意保持姿态稳定，练习平衡感。

（2）两人一组，背靠背站立：脚跟、脚肚、臀部、双肩和后脑勺贴紧。此练习可训练站立时的挺拔感，为加强效果可在五个触点夹上夹板。

（3）背靠墙练习。

实训考核

组别：_____ 姓名：_____ 时间：_____ 成绩：_____

	小组互评（50%）	教师评分（50%）	总分（100）
听课认真程度			
侧立式站姿的熟练程度			
前腹式站姿的熟练程度			
后背式站姿的熟练程度			
丁字式站姿的熟练程度			
参与实训认真程度			

项目二 坐姿与蹲姿

导 读

所谓坐有坐相，就是指坐姿要端正。优美的坐姿让人觉得安详舒适，而不是一副懒洋洋的模样。美的坐姿给人端正、稳重之感，所谓"坐如钟"，坐要如同稳重不动的大钟，这是体态美的重要内容。从医学角度来讲，正确的坐姿有利于健康；从交际角度来讲，有利于个人形象；从礼仪角度来讲，是对自己以及别人的尊重。酒店里有些部门（如商务中心等）的职位是需要服务人员坐着工作的，因此学习如何保持优美的坐姿是很有必要的。

蹲的姿势，时常被人称为蹲姿、下蹲或蹲下。蹲的姿势是人们在比较特殊的情况下所采取的一种暂时性的体位。在日常生活中，采用坐的姿势通常要多一些，而采用蹲的姿势往往较少。然而酒店服务人员的情况却不尽相同。在工作岗位上，服务人员必须熟练掌握正确的蹲姿。

一、学习目标

【知识目标】

● 能够熟练掌握坐与蹲姿的基本规范、基本要求、动作标准，以及保持良好蹲坐姿需要注意的事项。

【技能目标】

● 能够按照标准保持良好的坐姿与蹲姿。

● 能根据凳子高矮保持合适的坐姿。

训练任务

1. 实训目的

通过对坐姿的学习和训练，同学们应充分认识到良好坐姿与蹲姿的重要性，能熟练掌握各种坐姿与蹲姿的要领及注意事项，并在日常生活中养成优美就座的良好习惯。

2. 实训要求

动作协调自然，规范熟练。

3. 活动设计

先由教师讲解示范；然后同学分组进行操作练习，教师进行指导；最后考核测试。指定学生代表在课下观察同学们的日常坐姿与蹲姿，及时纠正，以便同学们在平时就养成良好的行为习惯。

案例导入

摸下巴也有错吗？

一位行政楼层酒吧的客人邀请服务员坐在对面讲解一下酒店的主要服务设施，但这位服务员却总是下意识地摸自己的下巴，使客人很不耐烦，匆匆就结束了谈话。

思考：

这位服务员的动作出了什么错？

分析提示：

不良的坐姿使自己的服务质量降低，客人的满意度下降。心理学家测出，坐下后摸嘴巴的人，往往情绪不安，猜疑心颇重；摸膝者往往以为将有好事来临，自负之心颇高；摸下巴者，则是为某种事而困扰；坐下来就不断抓头发的人，性子较急，喜欢速战速决，容易见异思迁。可见不同坐姿反映不同心理状态，需要在生活中多加注意。

二、任务实施

（一）正确的坐姿

良好坐姿的操作标准和基本要求如表1-5所示。

表1-5 良好坐姿的操作标准和基本要求

训练内容	操作标准	基本要求
基本坐姿	1. 入座时，要轻而缓，走到座位前面转身，右脚后退半步，左脚跟上，然后轻轻地坐下 2. 女子手将裙子向前拢一下 3. 坐下后，上身直正，头正目平，嘴巴微闭，脸带微笑，腰背稍靠椅背，两手相交放在腹部或两腿上，两脚平落地面。男子两膝间的距离以一拳为宜，女子则以不分开为好	
两手摆法	1. 有扶手时，双手轻搭或一搭一放 2. 无扶手时，两手相交或轻握放于腹部；左手放在左腿上，右手搭在左手背上；两手呈八字形放于腿上	
两腿摆法	1. 凳高适中时，两腿相靠或稍分，但不能超过肩宽 2. 凳面低时，两腿并拢，自然倾斜于一方 3. 凳面高时，一腿略搁于另一腿上，脚尖向下	坐姿的基本要求是"坐如钟"，具体要求是：坐得端正、稳重、自然、亲切，给人一种舒适感
两脚摆法	1. 脚跟与脚尖全靠或一靠一分 2. 也可一前一后，或右脚放在左脚外侧	
"S"形坐姿	上体与腿同时转向一侧，面向对方，形成一个优美的"S"形坐姿	
交叠式坐姿	1. 两腿膝部交叉，一脚内收与前腿膝下交叉，两腿一前一后着地，双手稍微交叉于腿上 2. 站立时，右脚向后收半步，而后站起	

▶ 小贴士

坐姿的注意事项

（1）不要坐满椅子。

可就坐的服务员，无论坐在椅子或沙发上，最好不要坐满，只坐满椅子的一半或三分之二，注意不要坐在椅子边上；在餐桌上，注意膝盖不要顶着桌子，更不要双腿高于桌面。站立的时候，右脚先向后收半步，然后站起，向前走一步，再转身走出房间。

（2）切忌两膝盖分得太开。

男子坐下可膝盖分开，女子坐下则双膝并拢。但无论男女，无论何种坐姿，都切忌两膝盖分得太开，两脚呈八字形，这一点对女性尤为不雅。女性可以采取小腿交叉的坐姿，但不可向前直伸。切忌将小腿架到另一条大腿上，或将一条腿搁在椅子上，这是很粗俗的。

（3）切忌脚尖朝天。

最好不要随意跷二郎腿，因为东南亚一些国家忌讳坐着跷二郎腿。跷脚时，脚尖朝天，在泰国会被认为是有意将别人踩在脚下，认为是盛气凌人，是一种侮辱性举止。

（4）不可抖脚。

（5）双手自然放好。

双手可相交搁在大腿上，自然放在大腿上，或轻搭在沙发扶手上，但手心应向下。手不要随心所欲到处乱摸。

（二）正确的蹲姿

蹲是由站立的姿势转变为两腿弯曲和身体高度下降的姿势。蹲姿其实只是人们在比较特殊的情况下所采用的一种暂时性的体态。虽然是暂时性的体态，也是有讲究的。

请根据以下的介绍分组进行各种优美蹲姿的练习。

1. 高低式蹲姿

男性在选用这一方式时往往更为方便。其要求是：下蹲时，双腿不并排在一起，而是左脚在前，右脚稍后。左脚应完全着地，小腿基本上垂直于地面；右脚则应脚掌着地，脚跟提起。此刻右膝低于左膝，右膝内侧可靠于左小腿的内侧，形成左膝高、右膝低的姿态。臀部向下，基本上用右腿支撑身体。

2. 交叉式蹲姿

交叉式蹲姿通常适用于女性，尤其是穿短裙的人员，它的特点是造型优美典雅。其特征是蹲下后以腿交叉在一起，其要求是：下蹲时，右脚在前，左脚在后，右小腿垂直于地面，全脚着地，右腿在上，左腿在下，二者交叉重叠；左膝由后下方伸向右侧，左脚跟抬起，并且脚掌着地；两脚前后靠近，合力支撑身体；上身略向前倾，臀部朝下。

3. 半蹲式蹲姿

半蹲式蹲姿多用于行进之中临时采用。基本特征是身体半立半蹲，其要求是：在下蹲时，上身稍许弯下，但不宜与下肢构成直角或锐角；臀部向下而不是撅起；双膝略为弯曲，其角度根据需要可大可小，但一般均应为钝角；身体的重心应放在一条腿上。

4. 半跪式蹲姿

半跪式蹲姿又叫单跪式蹲姿。它是一种非正式蹲姿，多用于下蹲时间较长，或为了用力方便之时。它的特征是双腿一蹲一跪，其要求是：下蹲之后，改为一条腿单膝着地，臀部坐在脚跟之上，而以其脚尖着地；另外一条腿则应当全脚着地，小腿垂直于地面；双膝应同时向外，双腿应尽力靠拢。

▶ **小贴士**

除上述内容以外，女士还要注意以下几个方面。

（1）无论是采用哪种蹲姿，都要切记将双腿靠紧，臀部向下，上身挺直，使重心下移。

（2）女士绝对不可以双腿敞开而蹲，这种蹲姿叫"卫生间姿势"，是最不雅的动作。

（3）在公共场所下蹲，应尽量避开他人的视线，尽可能避免后背或正面朝人。

（4）站在所取物品旁边，不要低头、弓背，要膝盖并拢，两腿合力支撑身体，慢慢地把腰部低下去拿。

▶ **实训考核**

组别：_____　　姓名：_____　　时间：_____　　成绩：_____

	小组互评（50%）	教师评分（50%）	总分（100）
听课认真程度			
侧立式站姿的熟练程度			
前腹式站姿的熟练程度			
后背式站姿的熟练程度			
丁字式站姿的熟练程度			
高低式蹲姿的掌握程度			
交叉式蹲姿的掌握程度			
半蹲式蹲姿的掌握程度			
半跪式蹲姿的掌握程度			
参与实训认真程度			

项目三　高雅的走姿

⚡ **导　读**

古人有"行如风"的说法，意思是行走要如同吹拂的和风，洒脱飘逸。饭店服务人员在行走的时候，要求静、稳、美，给人舒展俊美、精力充沛、积极向上的感觉。这里要注意的是，男子要有男子的步伐，女子要有女子的走姿，男女有别。

一、学习目标

【知识目标】

● 能够熟练掌握正确的男女走姿的基本规范、操作标准和基本要求。

● 能够了解各种走姿所适用的场合及注意事项。

【技能目标】

● 能够按照动作规范和要领做出良好的走姿。

● 能够根据场合的变化灵活调整走姿。

⚡ 训练任务

1. 实训目的

通过对走姿的学习和训练，同学们应充分认识到良好走姿的重要性，能熟练掌握各种走姿的要领及注意事项，并在日常生活中养成走姿高雅的良好习惯。

2. 实训要求

两眼平视前方；上体正直，收腹挺胸，直腰；身体重心落于足的中央，不可偏斜。男性步伐雄健有力，潇洒豪迈，步伐稍大，展现阳刚之美；女子步伐应轻盈、含蓄，步伐略小，显示阴柔之美。

3. 活动设计

先由教师讲解示范，可适当利用光盘等视频资料给同学们展示良好走姿所产生的效果；然后同学分组进行操作练习，教师进行指导；最后考核测试。指定学生代表在课下观察同学们的日常走姿，及时纠正，以便同学们在平时就养成良好的行为习惯。

⚡ 案例导入

有什么紧急情况吗？

某服务员在大堂里有急事就以小步跑的姿态移动，引起许多客人的惊慌，纷纷向前台询问是不是有意外事件发生了。

思考：

这位服务员的动作出了什么错？

分析：

走姿非常能反映出一个人的心理状态；酒店服务员在工作期间不能跑步行进，应该任何时候都保持协调稳健、轻盈自然；对于一些长住客、熟客，可用电话确定其所住房号，尽量为其提供方便。

二、实训内容

高雅走姿的操作标准和基本要求如表1-6所示。

表1-6　高雅走姿的操作标准和基本要求

内　容	操作标准	基本要求
一般走姿	1. 方向明确。在行走时，必须保持明确的行进方向，尽可能地使自己犹如在直线上行走，不突然转向，更忌突然大转身 2. 步幅适中。一般而言，行进时迈出的步幅与本人一只脚的长度相近。即男子每步约40厘米，女子每步约36厘米 3. 速度均匀。在正常情况下，男子每分钟108～110步，女子每分钟118～120步。不突然加速或减速 4. 重心放准。行进时身体向前微倾，重心落在前脚掌上 5. 身体协调。走动时要以脚跟首先着地，膝盖在脚步落地时应当伸直，腰部要成为重心移动的轴线，双臂在身体两侧一前一后地自然摆动，使自己走在一定的韵律中，这样显得自然优美，否则会失去节奏感，显得浑身僵硬 6. 体态优美。做到昂首挺胸、步伐轻松而矫健，最重要的是，行走时两眼平视前方，挺胸收腹，直起腰背，伸直腿部	1. "行如风"，即走起来要像风一样 2. 走路时最忌内八字和外八字，其次是弯腰弓背，摇头晃脑，大摇大摆，上颠下跛；不要大甩手，扭腰摆臀，左顾右盼；也不要脚蹭地面，或将手插在裤兜里 3. 男子行走，两脚跟交替前进在一线上，两脚尖稍外展，通常速度较快，脚步稍大，步伐奔放有力，充分展示男性的阳刚之美。女子行走，两脚尖稍外，两脚交替走在一条直线上，脚尖正对前方，称"一字步"，以显优美 4. 男子穿西装时，走路的幅度可略大些，以体现出挺拔、优雅的风度；女子着旗袍和中跟鞋时，步幅宜小些，以免因旗袍开衩较大，露出大腿，显得不雅；女子着长裙行走要平稳，步幅可稍大些，因长裙的下摆较大，更显得女子修长、飘逸潇洒；年轻女子穿着短裙（指裙长在膝盖以上）时，步幅不宜太大，步频可稍快些，以保持轻盈、活泼、灵巧、敏捷
陪同客人走姿	1. 同"一般走姿" 2. 引领客人时，位于客人侧前方2～3步，按客人的速度行进，不时用手势指引方向，招呼客人	
与服务人员同行走姿	1. 同"一般走姿" 2. 不可并肩同行，不可嬉戏打闹，不可闲聊	
与客人反向而行走姿	1. 同"一般走姿" 2. 接近客人时，应放慢速度；与客人交会时，应暂停行进，空间小的地方，要侧身，让客人通过后再前进	
与客人同向而行走姿	1. 同"一般走姿" 2. 尽量不超过客人，如需超过，要先道歉后超越，再道谢	

▶ 小贴士

走姿礼仪的注意事项如下。

（1）低头看脚尖：心事重重，萎靡不振。

（2）拖脚走：未老先衰，暮气沉沉。

（3）跳着走：心浮气躁。

（4）走出内/外八字；小心走成"O"形腿或萝卜腿。

（5）摇头晃脑，晃臂扭腰，左顾右盼，瞻前顾后：易被误解，特别是在公共场合会给自己找麻烦。

（6）走路时大半个身子前倾：动作不美，又损健康。

（7）行走时与其他人相距过近易与他人发生身体碰撞。

（8）行走时尾随于其他人，甚至对其窥视围观或指指点点：会被视为"侵犯人权"或"人身侮辱"。

（9）行走时速度过快或过慢：可能对周围人造成一定的不良影响。

（10）边行走，边吃喝。

（11）与成年的同性行走时勾肩搭背，搂搂抱抱。

▶ 实训考核

组别：_____ 姓名：_____ 时间：_____ 成绩：_____

	小组互评（50%）	教师评分（50%）	总分（100）
听课认真程度			
一般走姿的熟练程度			
陪同客人走姿的熟练程度			
与服务人员同行走姿的熟练程度			
与客人反向而行走姿的熟练程度			
与客人同向而行走姿的熟练程度			
参与实训认真程度			

项目四　得体的手势

⚡ 导 读

手是传情达意的最有力的手段，正确、适当地运用手势，可以增强感情的表达。手势是旅游接待工作中必不可少的一种体态语言，手势语是大有学问的。有的接待人员在服务过程中，表现出的手势运用不规范、不明确，动作不协调，造成寓意含混等现象，给宾客留下漫不经心、不认真、接待人员素质不高等印象。在与不同国家、不同地区、不同民族的客人交往时，应了解并懂得他们的手势语，以避免误解与不快。

一、学习目标

【知识目标】

● 能够熟练掌握不同手势的基本要求和操作标准及要领。

● 能够掌握一些主要国家和民族特有手势语的特殊含义。

【技能目标】

● 能够在不同的场合做出得体规范的手势。

⚡ 训练任务

1. 实训目的

通过对手势的学习和训练，同学们应充分认识到手势语的重要性，能熟练掌握各种手势语的要领及注意事项，并能根据场合的不同熟练地做出不同的手势。

2. 实训要求

在做手势时，要讲究柔美、流畅，做到欲上先下、欲左先右，避免僵硬死板、缺乏韵味。同时，配合眼神、表情和其他姿态，使手势显得协调大方。

3. 活动设计

先由教师讲解示范，可适当利用光盘等视频资料给同学们展示优美手势语所产生的效果；然后让同学分组（两人一组）进行操作练习，教师进行指导；最后考核测试。指定学生代表在课下观察同学们的日常手势语，及时纠正，以便同学们在平时就养成良好的行为习惯。

⚡ 案例导入

单手递香巾

一天清晨，某酒店西餐厅里客人熙熙攘攘，都在吃早餐。这时，一位客人向服务员小婷要餐巾纸。忙碌的小婷赶忙去拿了一包，同时又帮另外一位客人拿了一瓶蜂蜜。回来时她左手拿餐巾纸，右手拿蜂蜜，在路过客人时顺手把餐巾纸放在客人餐桌前。客人没有说谢谢，反而用不满意的眼神看了她一眼。

思考:

小婷的动作出了什么错?

分析提示:

(1)递送物品时用双手为宜。不方便双手并用时,也应尽量采用右手。以左手递物,通常被视为失礼之举。

(2)递到手中。递给他人的物品,应直接交到对方手中为好;不到万不得已,最好不要将所递的物品放在别处。

二、任务实施

酒店主要手势的操作标准和基本要求如表1-7所示。

表1-7　酒店主要手势的操作标准和基本要求

内容	操作标准	基本要求
自然搭放	1. 站立服务。身体应尽量靠近桌面或柜台,上身挺直;两臂稍弯曲,肘部朝外;两手以手指部分放在桌子或柜台上,指尖朝前,拇指与其他手指稍有分离,并轻搭在桌子或柜台边缘。应注意不要距离桌子或柜台过远,同时还要根据桌面高矮来调整手臂弯曲程度,避免将整个手掌支撑在桌子或柜台上;上半身趴伏在桌子或柜台上 2. 坐姿服务。以坐姿服务时,将手部自然搭放在桌面或柜台上。身体趋近桌子或柜台,尽量挺直上身,除取物、书写、调试等必要动作时,手臂可摆放于桌子或柜台之上外,仅以双手手掌平放其上;将双手放在桌子或柜台上时,双手可以分开、叠放或相握,但不要将胳膊支起来或是将手放在桌子或柜台之下	不可将桌子或柜台用于支撑身体
手持物品	1. 稳妥。手持物品时,可根据物品重量、形状及易碎程度采取相应手势,切记确保物品的安全。尽量轻拿轻放,防止伤人或伤己 2. 自然。手持物品时,服务人员可以根据本人的能力与实际需要,酌情采用不同的姿势;但一定要避免在持物时手势夸张、小题大做,失去自然美 3. 到位。就是持物到位。例如,箱子应当拎其提手,杯子应当握其杯耳,有手柄的物品应当持其手柄。持物时若手不能到位,不但不方便,而且也很不自然 4. 卫生。为客人取拿食品时,切忌直接下手。敬茶、斟酒、送汤、上菜时,千万不要把手指搭在杯、碗、碟、盘边沿,更不可无意之间使手指浸泡在其中	身体的其他部位姿势规范,与手势动作协调
递接物品	1. 用手为宜。有可能时,双手递物于他人最佳;不方便双手并用时,应尽量采用右手。以左手递物,通常被视为失礼之举	1. 忌指点点。工作或与人交谈时,绝不可随意对客人指指点点,因为它含有教训人的味道,是不礼貌的行为

续表

内容	操作标准	基本要求
递接物品	2. 递到手中。递给他人的物品，应直接交到对方手中为好；不到万不得已，最好不要将所递的物品放在别处 3. 主动上前。若双方相距过远，递物者应主动走近接物者；若为坐姿，还应尽量在递物时起立 4. 方便接拿。服务员在递物时，应该为对方空出便于接取物品的空间，不要让其感到接物时无从下手。将带有文字的物品递交他人时，还须使之正面朝向对方 5. 尖、刃向内。将带尖、带刃或其他易于伤人的物品递给他人时，切忌以尖、刃直指对方。合乎服务礼仪的做法是，应使尖、刃朝向自己，或是朝向他处	
展示物品	1. 便于观看。展示物品时，一定要方便现场的观众观看。因此，一定要将被展示物品正面朝向观众，举到一定的高度，并使展示的时间能让观众充分观看。当四周皆有观众时，展示还须变换不同角度 2. 操作标准。服务人员在展示物品时，不论是口头介绍还是动手操作，均应符合相关标准。解说时应口齿清晰，语速舒缓；动手操作时，则应手法干净利索，速度适宜，并进行必要的重复 3. 手位正确。在展示物品时，应使物品在身体一侧展示，不宜挡住本人头部。具体而言，一是将物品举至高于双眼之处，这一手位适宜被人围观时采用；二是双臂横伸将物品向前伸出，活动范围自肩至肘之处，其上不过眼部，下不过胸部，这一手位易给人以安定感	2. 忌随意摆手。一只手臂伸在胸前，指尖向上，掌心向外，左右摆动。这个动作含有拒绝别人和极不耐烦之意 3. 端起双臂。双臂抱起，端在胸前，往往含有孤芳自赏、自我放松，或是置身事外、袖手旁观、看人笑话之意 4. 双手抱头。在服务时这一体态会给人以目中无人的感觉 5. 摆弄手指。工作中空闲时反复摆弄自己的手指、关节甚至将其捻响，或者莫名其妙地攥拳或松拳、手指动来动去 6. 手插口袋。这种表现会使客人觉得服务人员忙里偷闲，在工作方面并未尽心尽力 7. 搔首弄姿。这种姿态给人以矫揉造作之感 8. 抚摸身体。工作时不能习惯性地抚摸自己的身体，如摸脸、擦眼、搔头、挖鼻、剔牙、抓痒等
打招呼	1. 要使用手掌，而不能仅用手指 2. 要掌心向上，而不宜掌心向下	
举手致意	当服务人员忙于工作，看见面熟的顾客，却无暇分身时，向其举手致意可消除误会，消除对方的被冷落感。正确做法是： 1. 面向对方。举手致意时，应全身直立，面向对方，至少上身与头部要朝向对方，在目视对方的同时，应面带笑容 2. 手臂上伸。致意时应手臂自下而上向侧上方伸出，手臂既可略有弯曲，亦可全部伸直 3. 掌心向外。致意时须掌心向外，即面向对方，指间朝向上方，同时，切记伸开手指	
握手	1. 注意先后顺序。握手时双方伸出手来的先后顺序应为"尊者在先"，即地位高者先伸手，地位低者后伸手。在工作中，服务人员通常不宜主动伸手与顾客相握	

续表

内容	操作标准	基本要求
握手	2. 注意用力大小。握手时力量应当适中，用力过重与过轻，同样都是失礼的 3. 注意时间长度。与人握手时，一般握 3～5 秒钟即可。没有特殊的情况，不宜长时间握手 4. 注意相握方式。通常，应以右手与人相握。握手时，应首先走近对方，右手向侧下方伸出，双方互相握住对方的手掌。被握住的部分，应大体上包括自手指至虎口处。双方手部相握后，应目视对方双眼	
挥手道别	1. 身体站直。尽量不要走动、乱跑，更不要摇晃身体 2. 目视对方。目送对方远去直至离开，若不看道别对象，便会被对方理解为"目中无人"或敷衍了事 3. 手臂前伸。道别时，可用右手，也可双手并用，但手臂应尽力向前伸出；注意手臂不要伸得太低或过分弯曲 4. 掌心朝外。挥手道别时，要保持掌心向外，否则是不礼貌的 5. 左右挥动。挥手道别时，要将手臂向左右两侧轻轻地来回挥动，但尽量不要上下摆动	

▶ ⬤ 小贴士

要避免哪些不良手势呢？

与客人交谈过程中提及自己的时候，不要用手指自己的鼻尖，而应用手掌按在自己的胸口部位。

谈到别人的时候，不要用手指着别人，更忌讳背后对人指指点点等很不礼貌的手势。

接待客人的时候，避免抓头发、玩饰物、掏鼻孔、剔牙齿、抬腕看表、高兴时拉衣服袖子等粗鲁的手势动作。

做指引指示时，最忌"一指功"（用食指指人）："你坐那儿！"这是对客人的大不敬。这个动作完全可以用整只右手手掌来处理，即拇指弯曲，其他四指伸直并拢，指向对方。

服务工作中不能双手抱头，很多人喜欢用单手或双手抱在脑后，这一体态的本意，也是放松。在别人面前特别是给人服务的时候，这么做会给人一种目中无人的感觉。

要避免摆弄手指，要么活动关节，要么捻响，要么握拳头，或是手指动来动去，给人以一种无聊的感觉，让人难以接受。

不允许把一只手或双手插放在自己的口袋里。这种表现会使客户觉得你在工作上不尽力，忙里偷闲。

在不同国家、不同地区、不同民族，由于文化习俗的不同，手势的含义也有很多差别，甚至同一手势表达的含义也不相同。

掌心向下的招手动作，在中国主要是招呼别人，在美国是叫狗过来。在服务过程中要极力避免使用这个手势。

跷起大拇指，一般都表示顺利或夸奖别人。但也有很多例外，在美国和欧洲部分地区，表示要搭车，在德国表示数字"1"；在日本表示"5"；在澳大利亚表示骂人。和别人谈话时将拇指跷起来反向指向第三者，即以拇指指腹的反面指向除交谈对象外的另一人，是对第三者的嘲讽。

OK手势，通常用拇指、食指相接，连成环状，余下三指伸直，掌心向外来表示。OK手势源于美国，在美国表示"同意"、"顺利"、"很好"；在法国表示"零"或"毫无价值"；在日本表示"钱"；在泰国表示"没问题"；在巴西表示粗俗下流。

V形打手势。这种手势是第二次世界大战时英国首相丘吉尔首先使用的，表示"胜利"，后来传遍全世界；但如果掌心向内，就是一种骂人的手势了。

▷ ▶ **实训考核**

组别：_____ 姓名：_____ 时间：_____ 成绩：_____

	小组互评（50%）	教师评分（50%）	总分（100）
听课认真程度			
自然搭放手势的熟练程度			
手持物品手势的熟练程度			
递接物品手势的熟练程度			
展示物品手势的熟练程度			
打招呼手势的掌握程度			
举手致意手势的掌握程度			
握手手势的掌握程度			
挥手道别手势的掌握程度			
参与实训认真程度			

项目五　优雅的注视礼仪

⚡ **导　读**

眼睛是心灵的窗户。芬兰心理学家曾请一些演员通过表情来表现各种不同的情绪并拍成照片，然后再把拍摄的照片裁成细条，挑出印有双眼的细条相片让其他人来辨认，结果回答的正确率相当高。可见眼神在传情达意方面起着多么大的作用。因此，每天迎接国内外宾客的酒店服务人员，一定要掌握目光注视礼仪的要领，从而塑造良好的形象。

一、学习目标

【知识目标】

● 能够熟练掌握注视礼仪的基本要求，重点是掌握注视的角度、时间及眼神的训练方法。

● 能够掌握一些主要国家和民族特有的注视礼仪。

【技能目标】

● 能够符合注视符合礼仪要求，双眼有神，使客人感受到礼貌真诚。

⚡ 训练任务

1. 实训目的

通过对注视礼仪的学习和训练，同学们应充分认识到注视礼仪的重要性，能熟练掌握注视角度、时间及眼神训练的基本要领及注意事项，并能根据场合的不同运用不同的注视礼仪。

2. 实训要求

礼貌注视，使人感到真诚有礼，并做到目光敏锐、炯炯有神。

3. 活动设计

先由教师讲解示范，可适当利用光盘等视频资料给同学们展示注视礼仪所产生的效果；然后同学分组（四人一组）进行操作练习，教师进行指导；最后考核测试。可让学生自备小镜子，进行自评。

⚡ 案例导入

客人莫名其妙的生气

小刘是一家酒店中餐厅的点菜员。一天下午，有一位打扮时尚的女士来到餐厅吃饭。这位女士面带笑容，高兴地坐在靠窗的小桌边准备点菜。这时，小刘赶忙拿着菜单过来，并站在客人的面前等待，而眼睛却一直盯着这位女士观察。不一会儿，客人就显得很不耐烦，无端地指责酒店的服务。

思考：

客人的情绪为什么变坏了？

分析提示：

（1）交谈时目光注视的时间不宜太长。在交谈时，人们视线接触对方脸部的时间约占全部交谈时间的 30%～60%，过长会被认为对对方本人比对其谈话的内容更感兴趣，过短则会被认为对对方本人及其谈话的内容都不感兴趣。

（2）目光注视的位置应该自然、稳重、柔和，不能紧盯着对方的某一部位看，或上下打量。注视对方的位置不同，所传达的信息也有所不同。

二、实训内容

注视礼仪的训练最主要的是练习注视的角度、时间以及眼神的训练。

（一）注视的角度

在工作中，既要方便服务工作，又不至于引起服务对象的误解，就需要有正确的注视角度。

正视对方，即在注视他人的时候，与之正面相向，同时还须将身体前部朝向对方。正视对方是交往中的一种基本礼貌，其含义表示重视对方。

平视对方，即在注视他人的时候，目光与对方相比处于相似的高度。在服务工作中，平视服务对象可以表现出双方地位平等和不卑不亢的精神面貌。

仰视对方，即在注视他人的时候，本人所处的位置比对方低，就需要抬头向上仰望对方。在仰视对方的状况下，往往可以给对方留下信任、重视的感觉。

兼顾对方，即在工作岗位上，服务人员为互不相识的多位客人服务时，需要按照先来后到的顺序对每个客人多加注视，同时以略带歉意、安慰的眼神环视等候在身边的客人。这样使在服务区内的客人都感觉到自己被重视，体现出善解人意的优秀服务水准。

（二）注视的时间

在交谈过程中，除双方关系十分亲近外，目光连续接触的时间一般为 1 秒钟左右。较长时间的目光接触会引起生理上和精神上的紧张，大多数人倾向于避开这种接触，把目光转移开，以示谦和、退让。

交谈中眨眼的次数也有讲究，一般是每分钟 5～8 次。如果一秒钟眨眼几次，且神情活泼，往往被视为对某物有特殊的兴趣，但有时会给人怯懦的感觉；如果频繁地眨眼看人，目光闪烁不定，会给人心神不定、心不在焉的感觉；如果眨眼的时间超过 1 秒钟，则可视为闭眼，若在交谈中不时地闭眼，就容易给人厌烦、藐视之感。

（三）眼神的训练

为了使眼睛成为传情的灵巧工具，在正确运用眼神的同时，还要注重训练眼睛的表现能力，使自己的眼神更灵活、晶亮，更富于感染力。

1. 定眼

眼睛盯着一个目标，分正定法和斜定法两种。

正定法：在前方 2～3 米远的明亮处，选一个点。点的高度与眼睛或眉基本相平，最好找一个不太显眼的标记。进行定眼训练，眼睛要自然睁大，但眼轮匝肌不宜收得太紧。双眼正视前方目标上的标记，目光要集中，不然就会散神。注视一定时间后可以双眼微闭休息，再猛然睁开眼，立刻盯住目标，进行反复练习。

斜定法：要求与正定法相同。只是所视目标与视者的眼睛成二十五度斜角，训练要领同正定法。

2. 转眼

眼珠在眼眶里上、下、左、右来回转动，包括定向转、慢转、快转、左转、右转等。

定向转眼的训练有以下各项。

（1）眼球由正前方开始，移到左眼角，再回到正前方，然后再移到右眼角。如此反复练习。

（2）眼珠由正前方开始，眼球由左移到右，由右移到左，反复练习。

（3）眼球由正前方开始，眼球移到上（不许抬眉），回到前。移到右，回到前。移到下，回到前。移到左，回到前。如此反复练习。

（4）眼球由正前方开始，由上、右、下、左做顺时针转动，每个角度都要定住，眼球转的路线要到位。然后再做逆时针转动，反复练习。

（5）左转：眼球由正前方开始，由上向左按顺序快速转一圈后，眼球立即定在正前方。

（6）右转：方法同左转，方向相反。

（7）慢转：眼球按同一方向顺序慢转，在每个位置、角度上都不要停留，要连续转。

（8）快转：方向同慢转，不同的是速度加快。

以上训练开始时，一拍一次，逐渐加快。不要操之过急，正反都要练。

3. 扫眼

眼睛像扫把一样，视线经过路线上的东西全部要看清。

慢扫眼：在离眼睛 2～3 米处，放一张画或其他物体。头不动眼睑抬起，由左向右，做放射状缓缓横扫，再由右向左，四拍一次，进行练习。视线扫过所有东西尽量一次全部看清。眼球转到两边位置时，眼睛一定要定住。逐渐扩大扫视长度，两边可增视斜 25°，头可随眼走动，但要平视。

快扫眼：要求同慢扫眼，但速度加快。由两拍到位，加快至一拍到位。

可以结合上述 12 种眼神练习进行表演及小品练习。

初练时，眼睛稍有酸痛感，是练习过程中的正常现象，其间可闭目休息两三分钟。眼睛肌肉适应了，这些现象也就消失了。

（四）"阅读"客人的目光

当客人的目光长时间地终止接触或游移不定时，表示客人对所交谈的内容不感兴趣，应尽快结束谈话。

当客人左顾右盼或不停地看表时，表示客人可能有急事要提前离开了。

交谈时，目光紧盯表示疑虑，偷眼相觑表示窘迫，瞪大眼睛表示惊讶。

知识拓展

不同地区、不同国家、不同民族有着不同的注视习惯和礼节。

（1）在交谈中，对于互相以目光打量的次数，美国人多于大多数亚洲人，瑞典人多于英国人。

（2）日本人在与人面对面交谈时，目光一般落于对方颈部，而对方的脸和双眼要映入自己眼帘的外缘。对视在日本是一种失礼行为。

（3）在阿拉伯地区，不论与谁交谈都应目视对方，与人交谈若不看对方的脸是不礼貌的行为。

实训考核

组别：_____ 姓名：_____ 时间：_____ 成绩：_____

	小组互评（50%）	教师评分（50%）	总分（100）
听课认真程度			
注视角度礼仪熟练程度			
注视时间控制熟练程度			
定眼训练程度			
转眼训练程度			
扫眼训练程度			
对客人目光的理解程度			
参与实训认真程度			

项目六　魅力微笑

导读

人与人相识，第一印象往往是在前几秒钟形成的，而要改变它，却需要付出很长时间的努力。良好的第一印象来源于人的仪表谈吐，但更重要的是取决于他的表情。微笑则是表情中最能赋予人好感，增加友善和沟通，愉悦心情的表现方式。一个对你微笑的人，必能体现出他的热情、修养和魅力，从而得到人的信任和尊重。在日常的生活、工作中，你是否面带微笑了呢？

一、学习目标

【知识目标】

◉ 能够熟练掌握微笑的重要性、动作要领、训练的基本方法，重点是掌握微笑训练各阶段的动作要领。

【技能目标】

◉ 能够通过合理的训练形成美丽的微笑动作。

◉ 能够调节自己的心情和生活，从而能够保持会心的微笑。

⚡ 训练任务

1. 实训目的

通过对注视微笑动作的学习和训练，同学们应充分认识到微笑对酒店服务的重要性，能熟练掌握微笑的训练方法，并能在工作中随时调节自己的心情保持微笑。

2. 实训要求

微笑时，目光应当柔和发亮，双眼略为睁大，眉头自然舒展，眉心微微向上扬起，这就是人们通常所说的"眉开眼笑"。除此以外，还要避免耸动鼻子与耳朵，最好将下巴向内自然地稍许含起。

3. 活动设计

先由教师讲解示范，可适当利用光盘等视频资料给同学们展示微笑服务所产生的效果；然后同学分组（四人一组）进行操作练习，教师进行指导；最后考核测试。可让学生自备小镜子，进行自评。

⚡ 案例导入

客人离开了

一名客人来到酒店的西餐厅，当班服务员面无表情地看了一眼客人，就又开始忙自己的事情了。客人见此就毫无就餐的兴致，悻然离开了。回去的路上路过日式餐厅，只见门口服务笑脸相迎，就高兴地走了进去。

思考：

酒店服务员应该保持什么样的表情？

分析提示：

（1）表情是心理状态的外在表现，有时能发挥言语难以表达的作用。

（2）见到客人要热情的微笑打招呼表示欢迎，而不应该是面无表情，否则客人觉得你很冷漠。

~~~~~~

二、实训内容

微笑动作的训练分为以下几个阶段。

1. 第一阶段——放松肌肉

放松嘴唇周围肌肉就是微笑练习的第一阶段。又名"哆来咪练习"的嘴唇肌肉放松运动是从低音哆开始，到高音咪，大声、清楚地将每个音说三次。

不是连着练，而是一个音节一个音节地发音，为了正确的发音应注意嘴型。

2. 第二阶段——给嘴唇肌肉增加弹性

形成笑容时最重要的部位是嘴角。如果锻炼嘴唇周围的肌肉，能使嘴角的移动变得更干练好看，也可以有效地预防皱纹。

如果嘴边儿变得干练有生机，整体表情就给人有弹性的感觉，所以不知不觉中显得更年轻。伸直背部，坐在镜子前面，反复练习最大地收缩或伸张嘴巴。

1）张大嘴

张大嘴使嘴周围的肌肉最大限度地伸张。张大嘴能感觉到颚骨受刺激的程度，并保持这种状态 10 秒。

2）使嘴角紧张

闭上张开的嘴巴，拉紧两侧的嘴角，使嘴唇在水平上紧张起来，并保持 10 秒。

3）聚拢嘴唇

在嘴角紧张的状态下，慢慢地聚拢嘴唇。圆圆的卷起来的嘴唇聚拢在一起的时候，保持 10 秒。

保持微笑 30 秒。反复进行这一动作 3 次左右。

用门牙轻轻地咬住木筷子。把嘴角对准木筷子，两边都要翘起，并观察连接嘴唇两端的线是否与木筷子在同一水平线上。保持这个状态 10 秒。在第一状态下，轻轻地拔出木筷子之后，练习维持那种状态。

3. 第三阶段——形成微笑

这是在放松的状态下，根据大小练习笑容的过程，练习的关键是使嘴角上升的程度一致。如果嘴角歪斜，表情就不会太好看。练习各种笑容的过程中，就会发现最适合自己的微笑。

1）小微笑

把嘴角两端一齐往上提，给上嘴唇拉上去的紧张感，稍微露出 2 颗门牙。保持 10 秒之后，恢复原来的状态并放松。

2）普通微笑

慢慢使肌肉紧张起来，把嘴角两端一齐往上提，给上嘴唇拉上去的紧张感。露出上门牙 6 颗左右，眼睛也笑一点。保持 10 秒后，恢复原来的状态并放松。

3）大微笑

一边拉紧肌肉，使之强烈地紧张起来，一边把嘴角两端一齐往上提，露出 10 个左右的上门牙，也稍微露出下门牙，保持 10 秒后，恢复原来的状态并放松。

4. 第四阶段——保持微笑

一旦寻找到满意的微笑，就要进行至少维持那个表情 30 秒钟的训练。尤其是照相时不能敞开笑而伤心的人，如果重点进行这一阶段的练习，就可以获得很大的效果。

5. 第五阶段——修正微笑

虽然认真地进行了训练，但如果笑容还是不那么完美，就要寻找其他部分是否有问题。但如果能自信地敞开地笑，就可以把以下缺点转化为优点，不会成为大问题。

1）缺点 1：嘴角上升时会歪

意想不到的是，两侧的嘴角不能一齐上升的人很多。这时利用木制筷子进行训练很有效。刚开始会比较难，但若反复练习，就会不知不觉中两边一齐上升，形成干练而老练的微笑。

2）缺点 2：笑时露出牙龈

笑的时候容易露出很多牙龈的人，往往笑的时候没有自信，不是遮嘴，就是腼腆地笑。其实自然的笑容可以弥补露出牙龈的缺点，但由于本人太在意，所以很难笑出自然亮丽的笑。露出牙龈时，可以通过嘴唇肌肉的训练弥补弱点。

挑选满意的微笑

以各种形状尽情地试着笑，在其中挑选最满意的笑容，然后确认能看见多少牙龈。大概能看见 2 毫米以内的牙龈，就很好看。

反复练习满意的微笑

照着镜子，试着笑出前面所选的微笑。在稍微露出牙龈的程度上，反复练习美丽的微笑。

拉上嘴唇

如果希望在大微笑时不会露出很多牙龈，就要给上嘴唇稍微加力，拉下上嘴唇。保持这一状态 10 秒。

6. 第六阶段——修饰有魅力的微笑

如果认真练习，就会发现只有自己拥有的有魅力的微笑，并能展现那种微笑。伸直背部和胸部，用正确的姿势在镜子前面边敞开笑，边修饰自己的微笑。

知识拓展

1. 掌握微笑的要领

（1）笑容真挚，发自内心，不做作，富于真情实感，明白微笑是快乐大家、娱乐自己。

（2）微笑时，要言语并举。

（3）根据不同的场合施行不同的微笑礼。

（4）在情绪低落或身体不适时，能转换角色，较快调整心态，保证微笑服务的质量。

2. 学会随时随地保持微笑

（1）回忆快乐的事情、并使自己随时保持高度的工作热情。

（2）保证充足的睡眠。

（3）即使再忙，也要放松心情，沉着应付每一天的客人。不要因为忙碌而忘记微笑。

（4）心情烦躁时，可以请同事暂时代理一下自己的工作，去洗手间或是没有客人的地方冷静一下，重新振作精神。

3. 了解不允许微笑的情况

在下列情况下，面含微笑往往是不许可的：进入气氛庄严的场所时、服务对象满面哀愁时、服务对象具有某种先天的生理缺陷时、服务对象出了洋相而感到极其尴尬时，等等。在以上情况下，如果面露稍许微笑，便会使自己的处境十分不利、十分被动。

▶ **实训考核**

组别：_____ 姓名：_____ 时间：_____ 成绩：_____

	小组互评（50%）	教师评分（50%）	总分（100）
听课认真程度			
微笑训练第一阶段练习情况			
微笑训练第二阶段练习情况			
微笑训练第三阶段练习情况			
微笑训练第四阶段练习情况			
微笑训练第五阶段练习情况			
微笑训练第六阶段练习情况			
参与实训认真程度			

项目七　良好的语言礼仪

⚡ **导　读**

语言是思维的物质外壳，而文明的礼貌用语是酒店服务人员个人素质的重要体现，能够反映出酒店从业人员的文化修养和精神面貌，同时也能够给客人留下良好的印象，是提高酒店整体形象的不可或缺的组成部分。酒店服务语言作为一种言语艺术，具有很强的专业性、技巧性和明确的目的性。十几年之前，在我国酒店，诸如"你要饭吗？"、"你知道吗？"、"你明白吗"、"是否要单间？"这类有意无意伤害客人或引起客人不愉快的语言时有发生。现在已经大不相同了，服务员都十分注重运用敬语等礼貌语，使客人感到如沐春风。良好语言礼仪的运用，能够树立酒店的良好服务形象、沟通顾客情感并协调顾客关系。因此，作为一名酒店服务人员，必须熟练掌握语言礼仪。

一、学习目标

【知识目标】
◉ 能够掌握语言礼仪的基本要求，包括形式要求和程序要求。
◉ 能够掌握各种礼貌语言的基本内容、主要用途和使用要领。

【技能目标】
◉ 能够根据各种礼貌的具体要求，灵活地与客人进行有效的语言沟通。

⚡ 训练任务

1. 实训目的
通过对语言礼仪的学习，学生能够明确语言礼仪的重要性，掌握各类礼貌语的用法和注意事项，从而达到与客人热情有礼的沟通。

2. 实训要求
称呼要恰当，口齿要清晰，用词要准确，语气要亲切，语调要柔和，语言要简练，语意要明确，要一视同仁。

3. 活动设计
先由教师讲解示范，可适当利用光盘等视频资料给同学们展示良好语言礼仪所产生的效果。然后同学分组（10人一组）进行操作练习，9人为客人，1人为服务员。假设是3个家庭的聚会，3位先生及其夫人和3个10岁左右大的孩子，服务员为客人提供引领、点菜、上菜和餐间等一条龙服务，由教师进行指导。最后考核测试。具体情境由每组成员合作设计，注意礼貌用语使用的规范和艺术。

⚡ 案例导入

啤酒事件

几位客人正在餐厅就餐，其中一位客人要求服务员再加一瓶啤酒，服务员觉得客人喝得太多了，就说"给了钱再给酒，不给钱就不拿酒"。客人听后勃然大怒，要求服务员赔礼道歉。

思考：

酒店服务员应该如何与客人沟通？

分析提示：

（1）说话要讲究语言艺术；

（2）在酒店服务工作中的任何情况下都要使用礼貌用语。

～～～～～～～～～～～～～～～～～～～～～～～～～～～～～

二、实训内容

（一）基本要求

1. 形式上的要求

1）恰到好处，点到为止

服务不是演讲，也不是讲课，服务人员在服务时只要清楚、亲切、准确地表达出自己的意思即可，不宜多说话，目的是要启发顾客多说话，让他们能在这里得到尊重，得到放松，释放自己心理的压力，尽可能地表达自己消费的意愿和对餐厅的意见。

2）有声服务

没有声音的服务，是缺乏热情的，是冷冰冰的，是没有魅力的。因而在服务的过程中，不能只有鞠躬、点头而没有问候，不能只有手势而没有语言的配合。

3）轻声服务

传统服务是吆喝服务，鸣堂叫菜、唱收唱付。但现代服务是轻声服务，要为客人保留一片宁静的天地。因此，服务人员不能在远处招呼、应答，要做到三轻，即说话轻、走路轻、操作轻。

4）清楚服务

一些服务人员往往由于腼腆或者普通话说得不好，在服务过程中不能向客人提供清楚的服务，造成了客人的不满。特别是报菜名，经常使顾客听得一头雾水，不得不再问。这就妨碍了主客之间的沟通，耽误了正常的工作。因而必须在服务语言的规范化上加上"清楚"这一条。

5）普通话服务

一个品牌企业在服务语言上，应该做到普通话服务。对于地方风味和风格突出的餐厅，即使是要采用方言服务才能显现出个性，也不能妨碍正常的交流。这一类的餐厅服务员也应该会说普通话，或者要求领班以上的管理人员会说普通话。

2. 程序上的要求

（1）宾客来店有欢迎声。

（2）宾客离店有道别声。

（3）客人帮忙或表扬时，有致谢声。

（4）客人欠安或者遇见客人的时候，有问候声。

（5）服务不周有道歉声。

（6）客人呼唤时有回应声。

（二）服务语言的分类及其运用

1. 称谓语

例如：小姐、先生、夫人、太太、女士、大姐、阿姨、同志、师傅、老师、职务、大哥，等等。

语言的处理如下。

（1）拿捏不准的情况下，一般对男士称先生，对女士称小姐。

（2）变通。例如，你明明知道母亲和女儿一起来用餐，你称女儿为小姐，再称她的妈为小姐，就不太恰当，这时就应该称阿姨或女士了。有一定身份的女士来用餐，你称她为小姐似乎分量不够，这时就可以称其为老师或女士。有身份的老顾客第一次来用餐，称其为先生是对的。但是你已经知道他是黄总、胡总或张局长、谭处长，再称他为先生就不恰当了。在平时接待工作中一般不称客人为同志、书记，但如果是会议包餐，称同志、书记又变得合理起来。在餐厅里有时会遇见喝醉酒、说胡话，或无理取闹的顾客，这时再称其为先生，他可能不买你的账。因为这样称呼显得很生分，如果这时你称其为大哥，就拉近了你和他的关系，这些人不是最讲哥们关系吗？也许这样称呼立刻就平息了他的怒气。当然对做苦力的顾客也不能称先生，因为这样称呼他感觉不自在，甚至他还会以为你在挖苦他。在这种情况下不如称他为师傅、大哥更合适。

这一类语言要求以下两点。

（1）恰如其分。

（2）清楚、亲切。

2. 问候语

例如：

先生，您好

早上好、中午好、晚上好

圣诞好、国庆好、中秋好、新年好……

这一类语言的要求如下。

（1）要注意时空感。问候语不能都是"先生您好！"一句话。应该让客人有一个时空感。不然客人听起来就会感到单调、乏味。文明国家的问候语，都注意了这一点，因而要注意研究这个问题，以提高问候语的质量。

（2）要把握时机。问候语应该把握时机，一般在客人离你 1.5 米的时候进行问候最为合适。笔者经常看见一些餐厅，隔着几十米的距离就在与路人打招呼，严重地影响了餐厅的形象。事实上，对于距离较远的客人，只宜微笑点头示意，不宜打招呼。

（3）要配合点头或鞠躬。对客人只有问候而没有点头或鞠躬的配合，是不太礼貌的。

（4）不能首先说"请问您几位?"、"请问您用餐吗?"。当客人进入餐厅的一瞬间，许多餐厅习惯问"先生，请问你几位？"或"先生，请问你用餐吗？"这是很不礼貌的。就像我们到百货公司去买东西，售货员首先就问你"买不买？"或"买点什么？"一样，让人很不舒服。这时只宜表示欢迎，然后说"先生请随我来！"

到了大厅或者电梯里后，才能深入询问。例如，"先生，我怎么称呼您？"若对方说"我姓刘。""那么刘先生您今天几位呢？"这样话题就可以深入下去了。

3. 征询语

征询语确切地说，即征求意见询问语。

例如：

先生，您看现在可以上菜了吗？

先生，您的酒可以开了吗？

先生，这个盘子可以撤了吗？

小姐，您有什么吩咐吗？

小姐，如果您不介意，我把您的座位调整一下好吗？

征询语运用不当，会使顾客很不愉快。此外征询语常常也是服务的一个重要程序，如果省略了它，会产生服务上的错乱。例如，客人已经点了菜，服务员未征询客人"先生，现在是否可以上菜了？"或"先生你的酒可以开了吗？"就自作主张将菜端了上来，将酒打开了。而这时客人或许还在等其他重要客人，或者还有一些重要谈话没有结束，见状自然就会不太高兴。开酒之前，若未将酒标对着客人，请示客人是否可以开酒，客人有时就会有主权易位的感觉。

请看这样一个案例：

一对情侣到一个餐厅用餐，可是这时餐厅内已经没有小桌子了，于是服务员将客人安排到大圆桌上用餐。但是一会儿，又来了八位客人，这时却没有大圆桌了，×窗的小方桌又空了出来。于是服务员就简单地对大圆桌上的两位客人说，"你们二位请到窗边小方桌去坐好不好？他们人多，让他们坐大圆桌行不行？"这时客人不高兴了，不耐烦地说道："不行！我们就坐这儿，不动了！"这时一个主管走过来了，"二位实在对不起，给您添麻烦了！×窗的小方桌，很有情调，更方便二位谈话。如果你们不介意的话，我给您二位调过去！支持一下我的工作好吗？"客人一下就变得平和起来，同意了主管的安排。

这一类的语言一定要注意以下几点。

（1）注意客人的形体语言。例如，当客人东张西望，从座位上站起来或者招手的时候，都是用自己的形体语言表示或暗示，他有想法或者要求了。这时服务员应该立即走过去，征询说："先生/小姐，请问我能帮助你做点什么吗？"、"先生/小姐，你有什么吩咐吗？"，等等。

（2）要用协商的口吻。

（3）应该把征询当作服务的一个程序，不要先做了才打招呼。

4. 拒绝语

例如：

好的，谢谢您的好意，不过……

承蒙您的好意，但恐怕这样会违反酒楼的规定，希望您理解。

这类语言的要求如下。

（1）一般应该先肯定，后否定。

（2）客气委婉，不直接拒绝。

请看下面这个案例：

成都有个美食家罗亨长先生，20世纪90年代初，他在挨近文化厅、电视台等文化单位的长顺街办了一家文化氛围很浓的小火锅店"吞之乎"，并与客人建立了很深的友谊。客人到这里就餐，放得开，很随意，经常要善意地出一些题目来难为老板。有一次客人说："亨长，有没有炮弹？来一份！"亨长马上接过话说："有！有！我这里有泡盐蛋、泡皮蛋二流炮弹，给您来一份？"没有难倒亨长，一会客人又说，"亨长你这有炮弹，还有没有月亮？"亨长叫服务员把窗子打开，搁一盆水在窗子旁，唱道："天上有个太阳，水中有个月亮啊！"又对着后堂鸣堂叫菜，"上一盘推纱望月！"菜端出来了，原来是一盘"竹荪鸽蛋"，亨长向客人解释，竹荪表示纱窗，鸽蛋代表月亮，所以叫"推纱望月"，于是满座哑然失笑，大喜过望。亨长说，老板应该与客人多交流，也可以通过幽默的方式来调节气氛，总之尽量不要拒绝客人的要求。但服务员就不能与客人开这样的玩笑，在商业交往中要讲一个对等的原则，不过可以运用一点这样的思维方式。

还有这样一个案例：

一个客人点菜时大声问服务员："有没有红烧大使馆？"这个服务员没有去否定客人的问话，也没有重复"大屎管"这个不太雅观的字眼，而是说："您说的是九转大肠啊！这里有！先生吃了以后，一定会大吉大顺，峰回路转的。"于是说得满座皆喜。

5. 指示语

例如：

先生，请一直往前走。

先生，请随我来。

先生，请您稍坐一会儿，马上就给您上菜。

这一类语言的要求如下。

（1）避免命令式。

（2）语气要有磁性。

（3）应该配合手势。

有一些服务人员，在客人向他询问地址时，仅有简单的语言给予指示，甚至努努嘴给予指示，这是很不礼貌的。这时正确的做法是要运用明确和客气的指示语，并辅以远端手势、近端手势或者下端手势的运用。在可能的情况下，还要主动地走在前面，给客人带路。

6. 答谢语

例如：

谢谢您的好意！

谢谢您的合作！

谢谢您的鼓励！

谢谢您的夸奖！

谢谢您的帮助！

谢谢您的提醒！

这一类语言的要求如下。

（1）客人表扬、帮忙或者提意见的时候，都要使用答谢语。

（2）要清楚爽快。

在餐厅里经常会有客人提出一些菜品和服务方面的意见，有的意见不一定提得对，这时有的服务人员就喜欢去争辩，这是不对的。正确的做法是，无论意见正确与否，都要回答说："好的，谢谢您的好意！"或者"谢谢您的提醒！"客人有时高兴了会夸奖服务人员几句，对于客人的夸奖，不能心安理得、无动于衷，而是应该马上用语言对客人给予回报，比如"谢谢您的夸奖！谢谢您的鼓励！"等等。

在"巴国布衣"餐厅发生过这样一件事：一个客人在用餐的时候，不经意，将筷子掉在地上了。这个客人也不讲究，把筷子从地上捡起来在腋窝里一拖，又准备继续战斗。这时执台的服务小姐眼疾手快，马上将一双干净筷子递到了客人的面前，并说"对不起，请用这一双，谢谢合作！"客人大受感动，离开餐厅之前，找到大堂经理夸奖这位服务员说："你们的小姐反应迅速，她帮助了我还要感谢我，真是训练有素！希望餐厅给予奖励。"

7. 道歉语

例如：

对不起，打搅一下。

对不起，让您久等了。

对不起，请原谅，那是我的错。

道歉语是服务语言的重要组成部分，使用得好，会使客人在餐厅用餐过程中随时都感觉受到了尊重，对餐厅留下良好的印象。同时，道歉语又是一个必要的服务程序，缺少了这一个程序，往往会使服务产生问题。

这一类的语言要求做到以下两点。

（1）把道歉语当作口头禅和必要的一个程序。

（2）诚恳主动。

下面用两个案例说明上面要求的合理性。

案例一：

某一天，笔者在一个火锅店看见一个客人正在烫毛肚。一般毛肚放在沸腾的汤内，快速抖动七八下就成熟，烫久了就老了，还可能会将毛肚烫成皮带一样的感觉。哪知这时服务员不打招呼，提着汤壶就往锅里掺汤。加了汤以后温度一降，毛肚无法达到应有的火候了，气得客人吹胡子瞪眼地说："你掺汤怎么不打个招呼，你没有看见我在烫毛肚吗?!"

案例二：

一天在餐厅的包间内有一对情侣在用餐。菜上得差不多了，客人就对服务员说，"这里你就不用管了，把门关上，有事你再进来！"于是服务小姐出去站在包间门外。一会儿传菜员端汤来了，执台小姐接过来就往包间里送，手又不空就没敲门闯了进去。哪知这时里面的客人恰好正做着亲昵的动作，服务小姐于是说了一句"不好意思！"。这一下惹怒了客人，客人大声说："什么不好意思，我们是正常的，你不敲门进来，才不好意思。"这时服务员如果说一声"实在对不起，打搅了！"，然后把汤放在桌上，迅速离开，就不会让客人那样愤怒了。

以上两例中出现的问题在于缺少了应有的提醒程序。正确的做法是，应该先说："对不起，打搅一下！给您××好吗?"当然不必对一桌的每一位客人都要说一次这样的话，但给主宾位的客人或为第一个客人服务时，一定要采用道歉语。以后依次服务采用手势就行了。

8. 告别语

例如：

先生再见！

先生一路平安，希望在酒楼再次见到您！（客人要远去时）

先生您走好！

先生，如果没有别的事我就失陪了！

这一类语言要求做到以下两点。

（1）声音响亮，有余韵。

（2）应配合点头或鞠躬。

总之，不能将与客人道别的语言和仪式，搞成缺乏情感的公式。要使道别语言余音、袅袅不绝于耳，给客人留下美好的回忆。

9. 推销语

例如：

先生，来点红酒还是白酒？

小姐，是来只螃蟹还是来点基围虾？

先生，是上一个鱼头还是两个鱼头？

良好的推销语是一种艺术，运用得当可以很好地促进客人的消费，这是需要餐厅服务人员长期学习，不断琢磨的。但是对推销语的以下几点要求是可以通过短期训练，让服务人员把握的。

（1）要多用选择疑问句，少用特殊疑问句。

为什么在推销的时候要多用选择疑问句，少用特殊疑问句呢？因为采用特殊疑问句有很大的风险，起码有百分之五十的可能性遭到客人的否定。比如服务员问客人"要不要饭？""要不要来点白酒？"的语言就很糟糕。笔者曾经就听到过客人回答说，"我们不是逃难来的，我们不是来要饭的！"问客人要不要来点酒，也是非常糟糕的。十个说客抵不上一个夺客，只要一个客人说"算了今天不喝酒！"，这样的推销就会失败。

正确的做法是采用选择疑问句，从薄弱的环节下手。比如来了一桌客人，有先生、女士、小孩。就可以首先从小孩的推销做起。"请问小朋友喝点雪碧，还是可乐？"很可能在大人还没有准备的情况下，小朋友就说："我要喝可乐！"一般稳定的家庭结构是三角形的，妈妈将就孩子，孩子害怕父亲，父亲害怕夫人。一听孩子要可乐，妈妈就会说，"给他来一瓶可乐！"第一道关过了以后，马上又转向女士说："请问夫人来一点红牛、白果粥还是酸奶？这些都是很时尚的营养饮品，都有较好的美容保健作用。"女士一听保健美容就感兴趣，又有几种饮品可以选择，就会高兴地选上其中一种。孩子、夫人都点了饮料，先生和他的朋友们的胆就壮了，于是又转向男士问道："先生来点白酒，还是啤酒？不过现在也时兴喝红酒。"一般爱喝酒的客人，要喝白酒才过瘾，可能会回答："还是来点白的！"这时服务人员再抓紧机会，继续用选择疑问句问："那么是喝水井坊、五粮液、天号陈，还是剑南春？"这时爱面子、讲阔气的顾客可能会点水井坊，图实惠的客人有可能就要点剑南春了。不太了解"天号陈"的客人或许要问"天号陈"是什么酒？服务员即可乘机介绍"天号陈"是水井坊的姊妹酒，浓头酱尾型口感，进口有五粮液的浓香，回口有茅台的酱香味；一个品牌两种享受，超一流的品质，包装像艺术品，而价位却与五粮液相当。就是因为介绍得深入，客人高兴了，可能就会点上一瓶"天号陈"。这样的推销，岂不是一举多得！

由于采用选择疑问句，拓展了餐厅的商品，给予了顾客选择的余地，同时也让客人了解了一些信息，增加了一些有趣味的话题。可见，选择疑问句是服务人员推销成功的语言秘诀。

（2）要将顾客的单一追求引导到多元化的选择上去。

有些客人点菜总是按照自己熟悉的、爱吃的点。其实他们对餐厅里有什么特色、有什么新菜，并不了解。当客人点了菜后，若服务员简单地说一句没有，他们会感到很失望，于是失去消费欲望。如果这时，服务员抓住机会，向客人介绍与之所点菜品相关的其他菜品，将其单一的追求引导到多元化的需求上去，就会取得较好的效果。例如，一个客人点一份八宝粥，虽然餐厅里已经没有了，服务员仍然说："好的！不过今天八宝粥已经卖完了，现在还有黑米粥、玉米粥、西米粥、皮蛋瘦肉粥，都很有风味，换个口味好吗？"于是客人欣然点了玉米粥。

（3）要利用顺口溜、打油诗或者典故对菜品做深入细致的介绍。

例如，巴国布衣有一道招牌菜——口水鸡。客人弄不清楚，就问服务员"啥子味道"。服务员马上就说，这是最有川东特色的名菜，并用笔者编的一首顺口溜说道，"口水鸡呀，口水鸡，阿妹做菜好手艺。麻辣酸甜又鲜香，川菜川妹一出戏。"客人高兴了，马上点了这道菜。

为帮助一些餐厅推动经营，笔者曾经运用顺口溜的形式，给这些餐厅写出了点菜指南。服务员把它背熟，再灵活用于推销菜品，既增强了服务员的自信心，又给推销增加了可信度。

（4）要运用推销语言技巧。

推销技巧的语言分为加法、减法、乘法、除法和借用他人之口法。

① 语言的加法。

这桌席只有凤没有龙，如果加上一只龙虾就完美了。

这桌寿宴加上一只甲鱼就上档次了。

② 语言的减法。

不到长城非好汉，不吃烤鸭真遗憾。

来四川不吃江团，过了这个村就没有这个店了。

③ 语言的乘法。

你这个豆腐怎么这么贵？

这是箱箱豆腐，里面有十几种原材料，在家里是做不出来的。

④ 语言的除法。

这份香辣蟹怎么这么贵？

这是两斤重的海蟹啊，十个人吃一个人才几块钱，不贵。

⑤ 借用他人之口法。

张局长最喜欢吃这个菜。他说这是他最近吃到的最好的菜。

黄总每次都要点这个菜。

著名美食评论家说这道菜很精彩。

总之，推销语言是一门艺术，只要我们重视它、研究它、运用它，就一定能找到它的规律，从而更好地促进酒店的经营。

知识拓展

如何进行发音训练

人类发音，没有单独的发音器官，是使用呼吸器官、消化器官来做发音器官的。发音器包括呼吸器官、喉头和声带、口腔和鼻腔三个部分。其中，除了声带外，其他所有的发音器官都是"兼职"。说话时，横在呼出气流通道上的两条声带，迅速地一开一闭，把稳定的气流切成一串串的喷流，进而转换成听得见的峰音，随着舌、唇、腭等器官的运动，不断改变声道的声学性质，将峰音变成能区别的语音，通过胸腔、喉腔、咽腔、鼻腔、口腔组成的共鸣器放大而发出声音。这就是发音的全过程。从这个过程中可以看出，发音效果如何，与呼吸、声带、共鸣器等有着直接的关系。为此，在发音训练中，着重要进行下列训练。

1. 呼吸训练

气息是声音的动力来源。充足、稳定的气息是发音的基础。有的人讲话或唱歌声音洪亮、持久、有力，人们赞叹说，他（她）"中气"很足；相反，有的人说话或唱歌音量很小，有气无力，上气不接下气，像蚊子嗡嗡叫一样，使人难以听清，这种人则"中气"不足。其间除了身体素质的区别外，还有一个气息调节技巧问题，即呼吸和讲话的配合、协调是否恰当的问题。正常情况下，说话是在呼气时而不是在吸气时间进行的，停顿则是在吸气时进行的。如果是持续时间较长的讲话或朗诵，必然要求有比平时更强的呼吸循环。讲话时的正确呼吸方法，应当采用由胸腹式联合呼吸法（也称丹田呼吸法），即运用小腹收缩，用丹田的力量控制呼吸。著名女高音歌唱家郭兰英在谈到运用这种呼吸方法时说："唱歌时小肚子常是硬的，唱得越高就越硬。"

胸腹式联合呼吸介于胸式呼吸和腹式呼吸两者之间，是二者的结合。具体方法如下。

（1）吸气：小腹向内即向丹田收缩，相反，大腹、胸、腰部同时向外扩展，可以感觉到腰带渐紧，前腹和后腰分别向前、后、左、右撑开。用鼻吸气，做到快、静、深。

（2）呼气：小腹差不多始终要收住，不可放开，使胸、腹部在努力控制下，将肺部储气慢慢放出，均匀地外吐。呼气要用嘴，做到匀、缓、稳。在呼气过程中，语音一个接一个地发出后，组成有节奏的有声语言。

这种呼吸方法可以使腹部和丹田充满气息，为发音提供充足的"气"，同时，由于小腹向内收缩，胸前向外扩张，以小腹、后腰和后胸为支柱点，为发音提供了充足的"力"。"气"与"力"的融合，为优美的声音奠定了坚实的基础。

在讲话过程中，要处理好讲话和呼吸的关系，必须注意以下几点。

第一，尽可能轻松自如，吸气要迅速，呼气要缓慢、均匀，吸入的气量要适中。

第二，尽可能在讲话中的自然停顿处换气，不要等讲完一个长句才大呼大吸，显得讲话很吃力。还要根据自己的气量来决定是否用中途不便停顿的长句，不要为了渲染和增强表达效果而勉为其难。那样，只会适得其反。

第三，尽可能使讲话时的姿势有利于呼吸。无论是站姿还是坐姿，都要抬头舒肩展背，胸部要稍向前倾，小腹自然内收，双脚并立平放。这样发音的关键部位，如胸、腹、喉、舌等才能处于良好的呼吸准备和行进状态之中。呼吸顺畅，方可语流顺畅。

练习呼吸的方法有很多，主要有以下几种。

（1）闻花香：仿佛面前有一盆香花，深深地吸进其香气，控制一会儿后缓缓吐出。

（2）吹蜡烛：模拟吹灭生日蜡烛，深吸一口气后均匀缓慢地吹，尽可能时间长一点，达到25～30秒为合格。

（3）咬住牙，深吸一口气后，从牙缝中发出"咝……"声，力求平稳、均匀、持久。

（4）数数：从一数到十，往复循环，一口气能数多少遍就数多少遍，要数得清晰响亮。

（5）用绕口令或近似绕口令的语句练习气息。如：出东门，过大桥，大桥底下一树枣儿，拿着杆子去打枣，青的多，红的少。一个枣儿，两个枣儿，三个枣儿，四个枣儿，五个枣儿，六个枣儿，七个枣儿，八个枣儿，九个枣儿，十个枣儿……这是一个绕口令，一口气说完才算好。

开始做练习的时候，中间可以适当换气，练到气息有了控制能力时，逐渐减少换气次数，最后要争取一口气说完，甚至多说几个枣儿。

2. 声带训练

在通常情况下，人们说话时，声带的振动频率大约为 60 ～ 350 赫兹。声带的振动频率决定了发音的音响、音高、音色。声带对发音起很大的作用。声带的好坏，既有先天因素，也有后天的训练和保护。注意恰当地训练与运用声带，改变声带条件，保护声带，都是提高语音素质的重要方面。

1）声带训练

最基本的方法是，清晨在空气清新处"吊嗓子"：吸足一口气，身体放松，张开或闭合嘴，由自己的最低音向最高音发出"啊"或"咿"的连续声响。还可以做高低音连续变化起伏的练习。

2）声带运用

声带运用要科学、得当。这主要是指以下几个方面。

第一，在长时间运用之前，声带要做准备活动，犹如赛跑前韧带要做准备活动一样。方法是：将声带放松，用均匀的气流轻轻地拂动它，使之发出细小的抖动声，仿佛小孩子撒娇时喉咙里发出后的那种声音。可以逐渐加大到一定分量，使声带启动，以适应即将到来的长时间运动。

第二，在人数较多或场合较大的地方讲话时，发音要轻松自然，处理好节奏、停顿，特别是起音要高低适度，控制好音量，充分利用共鸣器的共鸣作用，要运用"中气"的助力来说话，不能直着嗓子叫喊。否则，声带负担过重，会导致声带很快不堪重负，变得嘶哑，影响效果。

3）声带保护

为了保护自己的嗓子，要有意识地少抽烟、少喝酒，甚至不抽烟、不喝酒，少吃或不吃有强烈刺激性的食物，不喝过烫或过冷的汤水，这些对声带都有不良影响。

3. 共鸣训练

声带所产生的音量是很小的，只占人们讲话时音量的 5% 左右，其他 95% 左右的音量需要通过共鸣腔放大得来。共鸣腔是决定音色的重要发音器官，而直接引起语音共鸣的是声带上方的喉、咽、口、鼻四腔。此外，胸腔和头腔也有共鸣作用。说话用声是以口腔共鸣为主，以胸腔共鸣为基础。共鸣腔以咽腔为主，又可分为高、中、低三区共鸣。高音共鸣区，即头腔、鼻腔共鸣，音流通过该区共鸣，可以获得高亢响亮的声音。中音共鸣区是咽腔、口腔共鸣，这里是语音的制造场，是人体中最灵活的共鸣区，音流在这里通过，可以获得丰满圆润的声音。低音共鸣区，主要是指胸腔共鸣，音流通过该区共鸣，可以获得浑厚低沉的声音。要想使说话的声音好听和持久，就要正确地运用共鸣腔。而运用共鸣腔的关键在于处理好"畅"与"阻"的对立和统一关系。所谓"畅"，就是整个发音的声道必须畅通无阻，胸部舒展自如，喉部放松滑润，脊背自然伸直，以便声音不憋不挤，形成一个声柱流畅地奔涌出来。所谓"阻"，并不是简单地把声音阻挡住，而是不让声音直截了当地通过声道奔涌出来，让它通过共鸣腔加工、锤炼、变得洪亮、圆润、雄浑、优美动听。要处理好"畅"与"阻"的关系，必须进行共鸣训练。

下面介绍几种简单易行的共鸣训练方法。

（1）放松喉头，用"哼哼"音唱歌。

（2）学鸭叫声。挺软腭，口腔张开成一圆筒，边发 gaga 音，边仔细体会。共鸣运用得好的 gaga 音好听，共鸣运用得不好的 gaga 音枯燥、刺耳。

（3）学牛叫声。类似打电话的"嗯"（什么?）和"嗯"（明白了）。

（4）牙关大开合，同时发出"啊"音。

（5）模拟汽笛长鸣声（di）。既可平行发音，也可由大到小或由小到大地变化发音。

（6）做扩胸运动，同时尽量发高亢或尽量低沉的声音。

（7）"气泡音"练习。闭嘴，用轻匀的气流冲击声带，使之发出细小的抖动声。

（8）音阶层练习。选一句话，在本人音域范围内，先用低调说，一级一级地升高，再一级一级地下降；然后一句高一句低，高低交替，一句话由高到低，再由低到高。

（9）夸张四声练习。选择韵母因素较多的词语或成语，运用共鸣技巧做夸张四声的训练。如：清——正——廉——洁——，英——勇——顽——强——。

（10）大声呼唤练习。假设某人在离自己 100 米处，大声呼唤：张——师——傅——，快——回——来——！喂——，那——里——危——险——，快——离——开——！

▶ 实训考核

组别：_____ 姓名：_____ 时间：_____ 成绩：_____

	小组互评（50%）	教师评分（50%）	总分（100）
听课认真程度			
称谓语练习情况			
问候语练习情况			
征询语练习情况			
拒绝语练习情况			
指示语练习情况			
答谢语练习情况			
道歉语练习情况			
告别语练习情况			
推销语练习情况			
语言礼仪基本要求的达标情况			
参与实训认真程度			

情景二

前厅部员工服务礼仪

任务一　前台接待服务礼仪

⚡ **导　读**

前厅，是指进入酒店大门后到酒店客房、餐厅之前的公共区域，也是每一位宾客抵离酒店的必经之地。前厅部是酒店中十分重要的部门之一。从其所处的位置来看，可以称作酒店的"门面"或"窗口"，因为前厅部往往能给客人留下第一印象，在某种程度上也体现了酒店的整体形象。宾客对酒店服务的评价也往往从前厅部开始，因为前厅部服务贯穿于酒店对客服务的全过程，决定了宾客的满意程度。因此，前厅部服务人员在为客人提供服务时一定要做到有"礼"，为饭店赢得一个好彩头。

而服务礼仪又与服务标准密切相关，应熟悉前厅各岗位的服务标准与流程，同时要有强烈的服务意识、耐心细致的观察、良好的仪态以及亲切规范的服务语言。

一、学习目标

【知识目标】

◉ 熟练掌握前台接待、预定、问讯和结账服务礼仪的基本要求。

【技能目标】

◉ 能够按照前台接待、预定、问讯和结账服务礼仪的基本要求，熟练地为客人提供各种服务。

◉ 不论酒店生意忙闲，都能使每位客人享受到礼貌服务。

◉ 能够根据不同国家的礼仪接待来自各国的客人。

⚡ **训练任务**

1. 实训目的

通过对前台接待礼仪基本要求的介绍和操作技能的训练，学生应能熟练地根据礼仪规范进行前台接待，并能根据生意忙闲和客人的国别随机应变，以礼待人。

2. 实训要求

自备梳子、镜子和发套等用品，为实训做准备。态度认真，积极参与，并把所学知识落实到实际生活中。

3. 活动设计

先由教师对前厅礼仪知识进行讲解，并通过视频展示。然后学生可以 6～8 人一组，进行分组模拟练习。练习的场景主要为前台接待、问询、预定和结账服务，小组之间可以交换场景进行操练，让每一小组把四个场景都演练一遍。最后请表现最为优秀的小组为大家做示范表演，由教师进行点评。课后每位学生应写出实训报告。

⚡ **案例导入**

让客人感到宾至如归

一位常住的外国客人从饭店外面回来，当他走到服务台时，还没有等他开口，问讯员就主动微笑地把钥匙递上，并轻声称呼他的名字。这位外国客人大为吃惊，由于饭店对他留有印象，使他产生一种强烈的亲切感，旧地重游如回家一样。

还有一位客人在服务台高峰时进店，服务员问讯小姐突然准确地叫出："××先生，服务台有您一个电话。"这位客人又惊又喜，感到自己受到了重视，受到了特殊的待遇，不禁添了一份自豪感。

思考：

这两位客人为什么如此满意？

分析提示：

学者马斯洛的需要层次理论认为，人们最高的需求是得到社会的尊重。自己的名字为他人所知晓，就是对这种需求的一种很好的满足。

在饭店及其他服务性行业的工作中，主动热情地称呼客人的名字是一种服务的艺术，也是一种艺术的服务。如果饭店服务台人员尽力记住客人的房号、姓名和特征，借助敏锐的观察力和良好的记忆力做出细心周到的服务，就会给客人留下深刻的印象。客人今后在不同的场合中会提起该饭店怎么样，等于是饭店的义务宣传员。

目前国内著名的饭店规定：在为客人办理入住登记时至少要称呼客人名字三次。前台员工要熟记 VIP 的名字，尽可能多地了解他们的资料，争取在他们来店报家门之前就称呼他们的名字，当再次见到他们时能直称其名，这是作为一个合格服务员最基本的条件。同时，还可以使用计算机系统，为所有下榻的客人制作历史档案记录，利用它为客人提供超水准、高档次的优质服务，把每一位客人都看成是 VIP，使客人从心眼里感到饭店永远不会忘记他们。

二、实训内容

1. 接待服务礼仪的基本内容及要求

（1）客人离总台 3 米远时，应予以目光注视。客人来到台前，应面带微笑热情问候，然后询问客人的需要，并主动为客人提供帮助。如客人需要住宿，应礼貌询问客人有无预订。

（2）接待高峰时段客人较多时，要按顺序依次办理，注意"接一顾二招呼三"，即手里接待一个，嘴里招呼一个，通过眼神、表情等向第三个传递信息，使顾客感受到尊重，不被冷落。

（3）验看、核对客人的证件与登记单时要注意礼貌，"请"字当头。确认无误后，要迅速交还证件，并表示感谢。当知道客人的姓氏后，应尽早称呼姓氏，让客人感受到热情亲切和尊重。

（4）给客人递送单据、证件时，应上身前倾，将单据、证件文字正对着客人双手递上；若客人签单，应把笔套打开，笔尖对着自己，右手递单，左手送笔。

（5）敬请客人填写住宿登记单后，应尽可能按客人要求安排好房间。把客房钥匙交给客人时，应有礼貌地介绍房间情况，并祝客人住店愉快。

（6）如果客房已客满，要耐心解释，并请客人稍等，看能否还有入住机会。此外，还可为客人推荐其他酒店，主动打电话联系，以热忱的帮助欢迎客人下次光临。

（7）重要客人进房后，要及时用电话询问客人："这个房间您觉得满意吗?""您还有什么事情，请尽管吩咐，我们随时为您服务！"以体现对客人的尊重。

（8）客人对酒店有意见到总台陈述时，要微笑接待，以真诚的态度表示欢迎，在客人说话时应凝神倾听，绝不能与客人争辩或反驳，要以真挚的歉意妥善处理。

（9）及时做好宾客资料的存档工作，以便在下次接待时能有针对性地提供服务。

2. 预订服务礼仪的基本内容及要求

（1）客人到柜台预订，要热情接待，主动询问需求及细节，并及时予以答复。若有客人要求的房间，要主动介绍设施、价格，并帮助客人填写订房单；若没有客人要求的房间，应表示歉意，并推荐其他房间；若因客满无法接受预订，应表示歉意，并热心为客人介绍其他饭店。

（2）客人电话预订时，要及时礼貌接听，主动询问客人需求，帮助落实订房。订房的内容必须认真记录，并向客人复述一遍，以免出差错。因各种原因无法接受预订时，应表示歉意，并热心为客人介绍其他饭店。

（3）受理预订时应做到报价准确、记录清楚、手续完善、处理快速、信息资料准确。

（4）接受预订后应信守订房承诺，切实做好客人来店前的核对工作和接待安排，以免发生差错。

3. 问讯服务礼仪的基本内容及要求

（1）客人前来问讯，应面带微笑，注视客人，主动迎接问好。

（2）认真倾听客人问讯的内容，耐心回答问题，做到百问不厌、有问必答、用词恰当、简明扼要。

（3）服务中不能推托、怠慢、不理睬客人或简单地回答"不行"、"不知道"。遇到自己不清楚的问题，应请客人稍候，请教有关部门或人员后再回答，忌用"也许"、"大概"、"可能"等模糊语言应付客人。

（4）带有敏感性政治问题或超出业务范围不便回答的问题，应表示歉意。

（5）客人较多时，要做到忙而不乱、井然有序，应先问先答、急问快答，使不同的客人都能得到适当的接待和满意的答复。

（6）接受客人的留言时，要记录好留言内容或请客人填写留言条，认真负责，按时按要求将留言转交给接收人。

（7）在听电话时，看到客人来临，要点头示意，请客人稍候，并尽快结束通话，以免让客人久等。放下听筒后，应向客人表示歉意。

（8）服务中要多使用"您"、"请"、"谢谢"、"对不起"、"再见"等文明用语。

4. 结账服务礼仪的基本内容及要求

（1）客人来总台付款结账时，应微笑问候，为客人提供高效、快捷而准确的服务。切忌漫不经心，造成客人久等的难堪局面。

（2）确认客人的姓名和房号，当场核对住店日期和收款项目，以免客人有被酒店多收费的猜疑。

（3）递送账单给客人时，应将账单文字正对着客人；若客人签单，应把笔套打开，笔尖对着自己，右手递单，左手送笔。

（4）当客人提出酒店无法满足的要求时，不要生硬拒绝，应委婉予以解释。

（5）如结账客人较多时，要礼貌示意客人排队等候，依次进行。以避免因客人一拥而上，造成收银处混乱引起结算的差错并造成不良影响。

（6）结账完毕，要向客人礼貌致谢，并欢迎客人再次光临。

知识拓展

世界主要宗教礼仪

一、基督教礼仪

在我国，可以按其教职称呼，如某主教、某牧师、某神父、某长老等；对外国基督教徒可称先生、女士、小姐或博士、主任、总干事等学衔或职衔。

与基督教信仰者打交道时，不宜对其尊敬的上帝、圣母、基督以及其他圣徒、圣事说长道短，不宜任意使用其圣像与其宗教标志。对神职人员，一般不应表现不敬之意。

"666"在基督徒眼里代表魔鬼撒旦，"13"与"星期五"也被其视为不祥的数目，所有的基督徒都会对其敬而远之，因此不应有意令对方接触它们。

有些教派的基督徒有守斋之习。守斋时，他们绝对不食肉、不饮酒。在一般情况下，基督徒不食用蛇、鳝、鳅、鲶等无鳞无鳍的水生动物。

就餐之前，基督徒多进行祈祷。非基督徒虽然不必照此办理，但也不宜抢先用餐。

在基督教的专项仪式上，讲究着装典雅，神态庄严，举止检点。服装前卫、神态失敬、举止随便者，均不受欢迎。

不得在对方进行宗教活动时打闹、喧哗，或者举止有碍其宗教活动。

二、伊斯兰教礼仪

伊斯兰教信徒称为"穆斯林"（意为顺从安拉的人）。对麦加朝觐过的穆斯林，在其姓名前冠以"哈吉"（阿拉伯语意为朝觐者），这在穆斯林中是十分荣耀的称谓。管理清真寺事务和在清真寺内办经学教育的穆斯林，称为"管寺乡老"、"社头"、"学董"。他们多由当地有钱、有地位、有威望的穆斯林担任。德高望重，有学识和有地位的穆斯林长者，尊称为"筛海"、"握力"、"巴巴"和"阿林"等。

教职人员和具有伊斯兰教专业知识者通称为"阿訇"，这是对伊斯兰教学者、宗教家和教师的尊称，其中年长者尊称为"阿訇老人家"。中国伊斯兰教一般称呼在清真寺任职并主持清真寺教务的阿訇为"教长"或"伊玛目"；讲授经训的师长和讲授《古兰经》、圣训及其他伊斯兰教经典的宗教人员都称为"经师"；伊斯兰教教法说明者和协助清真寺伊玛目处理日常教法事务的助手称为"穆夫提"；主持清真女寺教务或教学的妇女称为"师娘"；对在清真寺里求学的学生称"满拉"、"海里发"。

伊斯兰教禁止偶像崇拜，因此不应将雕塑、画像、照片以及玩具娃娃赠给穆斯林，尤其是带有动物形象的礼品更不能相送，穆斯林认为带有动物形象的东西会给他们带来厄运。另外，不宜邀请其观看电影、电视、录像、VCD，也不得邀请对方参加拍摄。

伊斯兰教禁止妇女外出参加社交活动。与穆斯林打交道时，一般不宜问候女主人，不宜向其赠送礼物。女性衣着一定要入乡随俗，禁止袒胸、露臂、光脚、赤足。

在饮食方面，穆斯林讲究甚多。他们一般都忌食猪肉，忌饮酒，忌食动物血液，忌食自死之物，并且忌食一切未按教规宰杀之物。非清真的一切厨具、餐具、茶具，均不得盛放招待穆斯林的食物或饮料。

在伊斯兰教教历的每年9月，穆斯林均应斋戒一个月。斋月期间，从每日破晓直至日落，禁饮食，禁房事。在斋月期间，外人不宜打扰穆斯林。

穆斯林对个人卫生极其讲究。许多地方的穆斯林认为人的左手不洁，所以禁止以左手与人接触。与之握手或递送礼物不能用左手，尤其不能单用左手。

一名虔诚的穆斯林一般每天要做五次礼拜。在此期间，切勿干扰。清真寺为伊斯兰教的圣殿。进入清真寺后，衣着不宜暴露，不宜追逐、嬉戏或大喊大叫。

在穆斯林面前，绝对不允许对安拉、穆罕默德信口评论，不允许非议伊斯兰教及其教义，不允许对阿訇无礼。

穆斯林每天要做五次礼拜，在礼拜期间，忌外来人表示不耐烦或干扰礼拜。在穆斯林做礼拜时，无论何人何事，都不能喊叫礼拜者，也不能在礼拜者前面走动，更不能唉声叹气、呻吟和无故清嗓，严禁大笑和吃东西。

三、佛教礼仪

佛门弟子及其居所的具体称呼有别。凡出家者,男称为僧,女称为尼,合称为僧尼。凡不出家者,则一律称为居士。僧之居所称为"寺",尼之居所称为"庵",有时统称二者为寺庙。对所有出家者,一律禁止称呼其原有的姓名。故民间有"僧不言名,道不言寿"之说。

佛教的基本礼节为合十礼,基本的礼颂用语是"佛祖保佑"。

对于佛祖、佛像、寺庙以及僧尼,佛教均要求其信徒毕恭毕敬。非信徒对其不得非议。不准攀登、侮辱佛像。不准触摸、辱骂僧尼,不得与僧尼"平起平坐"。

当正当的佛教仪式进行时,不应对其任意阻挠或者蓄意加以扰乱。

我国的佛教各流派多属于"北传佛教"。它的关键性讲究有两点:其一,信徒应守"五戒",即不杀生,不盗窃,不邪淫,不饮酒,不妄语;其二,饮食上忌食"五荤",即葱、蒜、韭菜、兴渠等五种气味刺鼻的菜蔬,有些教派还规定其僧尼应"过午不食"。

在缅甸,佛教徒忌吃活物,有不杀生与放生的习俗。忌穿鞋进入佛堂与一切神圣的地方。

在日本,有佛事的祭祀膳桌上禁忌带腥味的食品,同时忌食牛肉。忌妇女接触寺庙里的和尚,忌妇女送东西给和尚。

在泰国,佛教徒最忌讳别人摸他们的头。因为按照传统的佛俗认为头部是最高贵的部位,抚摸或其他有关接触别人头部的动作都是对人的极大侮辱,同时,还忌讳当着佛祖的面说轻率的话。佛教徒购买佛饰时忌说"购买",只能用"求租"或"尊请"之类的词语,否则被视为对佛祖的不敬,会招来灾祸。

四、道教礼仪

出家的道士,一般应尊称为"道长"。道士又称"黄冠"或"羽客"。女道士一般应尊称为"道姑",又可称"女冠"。此外,还可根据其职务尊称"法师"、"宗师"、"方丈"、"监院"、"住持"、"知客"。非宗教人员对道士可尊称"道长"或"法师",前面也可以冠以姓,例如称"王道长"或"刘法师"等。

道士不论在与同道还是与外客的接触中,习惯于双手抱拳胸前,以拱手作揖(又称稽首)为礼,向对方问好致敬,这是道教传统的礼仪。作揖致礼的形式,是道教相沿迄今的一种古朴、诚挚、相互尊重和表示友谊的礼貌。见面时用语为"无量天尊"或"赦罪天尊",通用应答语为"慈悲",也可同语应答。后辈道徒遇到前辈道长,一般可行跪拜礼、半跪礼或鞠躬礼。各派的跪拜礼略有不同,一般以师承为训。非宗教人员遇到道士,过去行拱手礼。现在也可以随俗,用握手问好。

▶ **实训考核**

组别:_____ 姓名:_____ 时间:_____ 成绩:_____

	小组互评（50%）	教师评分（50%）	总分（100）
听课认真程度			
前台接待礼仪熟练程度			
前台问讯礼仪熟练程度			
前台预订礼仪熟练程度			
前台结账礼仪熟练程度			
参与实训认真程度			

任务二 电话总机话务员服务礼仪

⚡ 导 读

　　电话总机是酒店内外信息沟通联络的通信枢纽。话务员每天要处理成千上万个电话业务。在日常服务中，话务员虽然不曾与客人直接谋面，但大多数客人却是通过声音的传播留下对酒店的第一印象。电话总机话务员的礼貌服务有自己的独到之处，热情、快捷、高效地对客服务，最后集中在自己的嗓音上体现出来。酒店总机话务员应具有音质甜美、圆润、悦耳，讲话时吐字清晰、发音准确、口齿伶俐、能有意识地控制音量和讲话速度，责任感强，热爱本职工作，业务熟练，记忆力较强，有耐心，较为熟练地掌握一至两门外语，严守话务秘密等特点。

一、学习目标

【知识目标】

◉ 熟练掌握总机话务员接打电话服务礼仪的基本要求及注意事项。

【技能目标】

◉ 能够按照总机话务员被叫服务礼仪熟练地为客人提供电话服务。

◉ 能够按照总机话务员主叫服务礼仪熟练地为客人提供电话服务。

⚡ 训练任务

1. 实训目的

　　通过对总机话务员礼仪知识基本要求的介绍和操作技能的训练，学生应能熟练地根据礼仪规范为客人提供电话服务，并能根据情况有效地进行客房及酒店服务推销。

2. 实训要求

礼貌、规范语言常用不离口；态度要诚恳；语言要简练明了；服务要有耐心；叫醒服务要负责。

3. 活动设计

先由教师对总机话务员礼仪知识进行讲解，并通过视频展示。然后学生可以2人一组，进行分组模拟练习。练习的场景主要为总机主叫、被叫电话服务，每一小组两个成员之间可以交换场景进行操练，让每一同学把两个场景都演练一遍，小组成员自由想象通话内容。最后请出表现最为优秀的小组为大家做示范表演，由教师进行点评。课后每位学生应写出实训报告。

⚡ **案例导入**

谁是*张强*？

某日，一话务中心服务员接到电话说手机忘在房间里了，这名客人自称是张强。服务员因为是新来的就说："我不知道你啊！"客人听后很不高兴。

思考：

话务员应该如何回答客人的话？

分析提示：

（1）电话总机的话务员应该熟悉酒店的一切业务，对酒店常住客更应该了如指掌。

（2）如果话务员不了解情况，一定要先说对不起，并向客人解释自己是新来的服务员，然后让老员工接电话处理这种情况。

二、实训内容

（一）被叫服务礼仪

被叫服务礼仪的操作标准和基本要求如表2-1所示。

表2-1　被叫服务礼仪的操作标准和基本要求

实训内容	操作标准	基本要求
被叫服务礼仪	1. 三声之内接起电话：这是星级酒店接听电话的硬性要求 2. 接听电话，必先使用问候礼貌语言"您好"，随后报出自己所在单位"这里是×××。" 3. 在通话过程中，发声要自然，忌用假嗓，音调要柔和、热情、清脆、愉快，音量适中，带着笑容通话效果最佳	耐心、热情、负责任

续表

实训内容	操作标准	基本要求
被叫服务礼仪	4. 认真倾听对方的讲话内容。为表示正在专心倾听并理解对方的意思，应不断报以"好"、"是"等话语作为反馈 5. 重要的电话要做记录 6. 接到找人的电话应请对方稍等，尽快去叫人。如果要找的人不在，应诚恳地询问："有事需要我转告吗?"或："请告诉我您的电话号码，等他回来给您回电话，好吗?" 7. 接听电话时，若遇上访客问话，可应用手势（手掌向下压压，或点点头）表示"请稍等" 8. 若接听的是谢请电话或通知电话时，应诚意致谢 9. 通话完毕，互道再见后，应让打电话者先收线，自己再放听筒	耐心、热情、负责任

（二）主叫服务礼仪

主叫服务礼仪的操作标准和基本要求如表2-2所示。

表2-2　主叫服务礼仪的操作标准和基本要求

实训内容	操作标准	基本要求
主叫服务礼仪	1. 打电话前，应准备好打电话的内容，电话接通后应简明扼要地说明问题，不要占用太长的通话时间 2. 如果通话时间可能较长，应首先征询对方是否现在方便接听 3. 当对方已摘起听筒，应先报出自己的所在单位和姓名。若对方回应时没有报出他们所在单位和姓名，可询问："这里是×××吗?"或"请问您是×××吗?"对方确认后，可继续报出自己打电话的目的和要办的事 4. 在通话过程中，发声要自然，忌用假嗓，音调要柔和、热情、清脆、愉快，音量适中，带着笑容通话效果最佳 5. 认真倾听对方的讲话内容，为表示正在专心倾听并理解对方的意思，应不断报以"好"、"是"等话语作为反馈 6. 打给领导者的电话，若是秘书或他人代接，应先向对方问好，然后自报职务、单位和姓名，最后说明自己的目的；若领导者不在，可询问或商议一下再打电话的时间	耐心、热情、负责任

知识拓展

电话常用英语句型

（1）请问您贵姓？对不起，请您重复一次好吗？

May I have your name（Would you give me your name）? I beg your pardon（Pardon, please）?

（2）请拼出客人的名字好吗？

Would you please spell the guest's name?

（3）对不起，我听不清楚您说话，请重新打一次好吗？

I'm very sorry that I can't hear you clearly. Could you call it again?

（4）能告诉我客人是哪里人吗？

Would you please tell me where the guest comes from?

（5）能告诉我客人是哪家公司的吗？

Would you please tell me which company the guest is from?

（6）对不起，我们在酒店的名单上找不到客人的名字。

I'm sorry. We can't find the guest name on our hotel list.

（7）您联系一下接待处，让他们为您查一下，好吗？

Would you mind connecting the line to the reception to check it?

（8）我再帮您查一下，请稍等。

I will check it for you again. Just a moment, please.

（9）很抱歉，让您久等了。

I am sorry to have kept you waiting.

（10）请您重复一遍您说的，好吗？

Could you repeat what you said（I beg your pardon）?

（11）请您讲慢一点（大声点儿），好吗？

Could you speak more slowly（loudly）?

（12）请稍等，我将为您转接。

Wait a moment, please. I will connect/transfer it for you.

（13）您好，先生。这里是总机，您有一个外线电话，介意我接入您的房间吗？

How are you, Sir? This is the operator. You have an outside line. May I put it through?

（14）晚上好，丹尼斯先生，布鲁斯先生的电话，请问您是否需要接听？

Good evening, Mr. Dennis, Mr. Bruce is on the line（phone）now. Would you like to take it?

（15）对不起，先生，他的电话占线，请您稍后再拨。

I'm sorry, Sir. The line is busy now. Could you please call back later?

（16）对不起，先生，电话无人接听，请您稍后再拨或留言。

I'm sorry, Sir. Nobody is answering. Could you please call back later or leave a message?

（17）让我重复一次您的信息吧。

Let me repeat your message.

（18）对不起，我听不懂您说什么。我可以帮您转接给大堂副理吗？

Sorry, I can't follow you. May I put you through to the assistant manager?

（19）对不起，先生，房间电话未挂好，转不进去。

I'm sorry, Sir. The phone is restricted. I can't get through.

（20）对不起，先生，我们不可以透露客人的房号。

I am sorry, Sir. We're not allowed to disclose our guest's room number.

（21）我是758房客。有人给我留言吗？

I am staying in Room 758 (I am the guest of Room 758). Did anyone leave message for me?

（22）我的电话留言灯一闪一闪的，是否有我的留言？

The message light is flashing. Does that mean I have a message?

（23）对不起，先生，我们暂时没有收到您的留言。

I'm sorry, Sir. There is no message for you. /We haven't got any message for you.

（24）是的，您有一个留言。您不在时，××先生打电话给您，请您早上9点在大堂等候，届时会有人来接您。

Yes, you have got a message. Mr. ×× has phoned to you when you were out. He wanted you to wait in the lobby at 9:00 am. The company will send someone to pick you up.

（25）晚上好，××先生，请问您有收到您的留言吗？

Good evening, ××. Did you receive your message?

（26）晚上好，××先生，您的朋友××先生邀请您今晚7点到二楼中餐厅用晚餐。

Good evening, Mr. ××. Your friend Mr. ×× invited you to have dinner on the second floor in the Chinese restaurant at 7 o'clock tonight.

（27）您好，在您外出时，××公司的李先生打来电话找过您，并请您收到留言后尽快给他回电话。

How are you, Mr. ××? When you were out, Mr. Lee of ×× Company called you. He wanted you to call him back as soon as possible after you received this message.

（28）早上好，××先生，您的朋友××先生请您到西餐用早餐，8点30分在大堂集合。

Good morning, Mr. ××. Your friend Mr. ×× asked you to have breakfast at the western restaurant. Then wait in the lobby for him at 8:30 am.

（29）请帮我接一下Jack He 的电话，好吗？

Could you please put me through to Jack He?

（30）对不起，先生，Jack He 休假（下班了/不在位置上），我稍后请他回电话给您。请问您要留言吗？

I'm sorry, Sir. Jack He is on holiday (isn't on duty/isn't in the office). I will ask him to call you back. Do you want to leave a message?

（31）隔壁房间的人太吵了，吵得我不能入睡。

I couldn't fall sleep because of the noise from the next door.

（32）请马上派人来帮忙拿行李。

Please send someone to carry the luggage right away.

（33）可以借用一下熨斗和熨板吗？

Can I borrow an iron and ironing board?

（34）房间空调有点儿问题。

There's something wrong with the air conditioning.

（35）喷水头的热水出不来。

The hot water in the shower doesn't work.

（36）电灯不亮。

The light isn't working.

（37）电源关闭了。

The power is off.

（38）请送一些毛巾过来。

Could you send some towels to my room?

（39）浴巾还是面巾？

Bath towels or face towels, please?

▶ 实训考核

组别：_____ 姓名：_____ 时间：_____ 成绩：_____

	小组互评（50%）	教师评分（50%）	总分（100）
听课认真程度			
主叫电话礼仪熟练程度			
被叫电话礼仪熟练程度			
参与实训认真程度			

任务三　礼宾部员工服务礼仪

⚡ 导　读

礼宾部通常隶属于前厅部管理，是酒店第一个直接接待宾客的窗口，负责为客人迎送、代办、行李和接机等相关综合服务，成为酒店形象的代表。其工作效率、服务质量会直接给客人留下深刻的第一印象。同时，礼宾部服务既可以直接体现整个酒店的服务水准，也可以体现酒店管理层的管理水平。

礼宾部的服务贯穿于酒店对客服务的整体过程。例如，登记入住的客人，可能在带房时，通过行李员对大部分酒店产品有所了解。行李员的介绍能带动餐饮、娱乐、商卖等部门的业务经营，因此礼宾部的运转与服务在经济效益和公共关系方面直接影响着整个酒店的经营管理。显而易见，服务礼仪在礼宾部服务中起着举足轻重的作用，礼宾部员工的礼仪水平应该是整个酒店服务中最高的。

一、学习目标

【知识目标】

● 熟练掌握礼宾服务中迎送服务礼仪和行李服务礼仪的基本要求及操作标准。

【技能目标】

● 能够按照礼宾迎送服务礼仪热情熟练地为客人提供迎送服务。

● 能够按照礼宾行李服务礼仪熟练地为客人提供安全、快捷的行李服务。

⚡ 训练任务

1. 实训目的

使学生提高礼宾职业化素养，从而提升精神面貌；掌握规范的礼宾服务礼仪知识，并进一步将礼仪规范落实到行为规范中。

2. 实训要求

当班时热情有礼；操作程序正确快捷；注意保护隐私；提供细致周到的服务。

3. 活动设计

先由教师对礼宾礼仪知识进行讲解，并通过视频展示使同学们对礼宾礼仪有直观的认知。然后学生可以5～7人一组，进行分组模拟练习。练习的场景主要为迎送礼宾服务以及行李搬运与寄存服务，每一小组两个成员之间可以交换场景进行操练，让每一组把两个场景都演练一遍，小组成员自由想象谈话内容。最后请出表现最为优秀的小组为大家做示范表演，由教师进行点评。课后每位学生应写出实训报告。

⚡ 案例导入

"难不倒"的服务

香港丽晶酒店的礼宾服务在全香港五星级豪华酒店中是数一数二的。丽晶礼宾部的主管考夫特先生说：如何关心客人，如何使客人满意和高兴是酒店服务最重要的事情。考夫特先生在 1980 年丽晶开业时就从事礼宾工作。多年来，每个到过丽晶，每个接受过考夫特先生亲自服务的客人，无不为他提供的"难不倒"的服务所折服。一次，客人在午夜提出要做头发，考夫特先生和值班的几位酒店员工迅速分头忙着联系美容师，准备汽车，15 分钟内就把美容师接到酒店，引入客人房内，客人感动地说这是奇迹。

又有一次，一对美国夫妻想到中国内地旅游，但要办签证，可他们只在动身的前一天才提出来。考夫特先生立即派一名工作人员直奔深圳，顺利地办完手续。他说："时间这么紧，只有这个办法，因此，再累再苦也得去。"

有人问考夫特先生，如果有人要上等特殊年份的香槟酒，而酒店中没有怎么办？考夫特先生说："毫无疑问，我要找遍全香港。实在满足不了客人，我会记下香槟酒的名称及年份，发传真去法国订购，并向客人保证，他下次再来丽晶时，一定能喝上这种香槟酒。"

思考：

考夫特先生只是完全按照礼宾礼仪规范行事吗？

分析提示：

当然，我们不可能完全像考夫特先生那样，也许我们的酒店也不具有这种条件。但是，这种做酒店服务所应该具备的全心全意为客人服务的精神和意识，是每个优秀员工都必不可少的。

例如，某酒店前台迎送服务礼仪规定，客人乘坐的车辆到达酒店时，要主动为客人开启车门，用手挡住车辆门框上沿，以免客人下车时碰到头部，并主动向客人招呼问好。但是，如果遇到老年客人，下车时还需要携扶一下。携扶老人，酒店没有明文规定，但对于一心一意为客人服务的员工来说，又是应该想到和做到的。这就是酒店礼仪的灵活运用，做到真情服务，也就是个性化服务。这些类似的服务可以增加客人的满意度，而客人的满意度会带来"客人的忠诚"，"客人的忠诚"则会带来企业的获利和成长。

二、实训内容

(一) 门童服务礼仪

1. 引导车辆服务礼仪

礼仪要求：站位合理；站姿规范；手势清晰；指挥到位。

其操作标准如下。

（1）门童应站在饭店大门的一侧、台阶下或车道边。

（2）站立时，挺胸抬头。双手自然下垂或下握，两脚分开与肩同宽。眼睛平视前方，面带微笑。

（3）散客乘车到店时，使用规范的引导手势，示意司机将车停在指定地点或客人方便下车的地点。

（4）团队、会议客人乘车到店时，门童应当配合警卫引导车辆停靠在团队客人入口处。如果饭店条件不具备，应将车辆引导至团队停靠地点。

（5）门童或警卫应站在车门一侧维持交通秩序，用标准手势为客人引路。

（6）门童用恰当的形体语言通知行李员运送行李。注意，不能高声呼喊，以免破坏大堂安宁的氛围。

（7）待客人下车后，立即指挥车辆安全离开或停靠在指定的位置。

2. 客人下车服务礼仪

礼仪要求：站位合理，开关车门适时；问候及时，避免简单重复；护顶合理，兼顾宗教信仰；敬老爱幼，按顺序服务。

其操作标准如下。

（1）车停稳后，门童站在车辆朝向大门一侧的前、后门中间，准备开门。

（2）如果是出租车，门童应等候客人付完车费再拉开车门。

（3）开门时，用左手拉开车门呈70度角左右。

（4）打开车门的同时应当问候客人，欢迎客人光临。接待团队客人时，应多次重复问候语，使每一位客人都能听到。但要注意，重复问候并不是表情单一地简单重复，而要发自内心地欢迎每一位客人的到来。

（5）问候时应当目视客人，切忌东张西望，这是极为不礼貌的。

（6）客人如果乘坐的是小轿车，门童应当用右手挡在车门上沿，为客人护顶，防止客人下车时碰伤头部。

（7）护顶时必须注意，如果是信奉伊斯兰教的客人或是佛教徒客人，则不能护顶。他们忌讳用手挡在头顶，因为这样会挡住圣光。

（8）门童应根据客人的衣着、外貌、言谈举止，结合工作经验判断客人是否有宗教信仰。如无法准确判断，可以通过示意客人的方式，提醒客人注意，防止碰头。

（9）开关车门应当按照先女宾后男宾、先外宾后内宾的顺序。开门时先开朝向大门一侧的后门，再开前门，最后另开一侧的后门。

（10）遇有残疾人、老年人、儿童乘车时，门童应当主动搀扶，并提醒他们注意台阶。如果是欧美客人，不能主动搀扶，而应先征得客人的同意。

（11）客人有随车行李的，门童应当主动帮助客人取拿行李，请客人当面清点行李数量，确认行李完好无损。

（12）门童应当用恰当的形体语言通知行李员及时提拿行李，然后用规范的手势引导车辆离开。

（13）下雨时，门童应等候在车门前主动为客人撑伞。

（14）客人进入大堂前，门童应当提醒客人在脚垫上蹭干鞋底，以免滑倒。

（15）客人随身携带雨具的，门童应当主动帮助客人将其存放在门口的伞架上。

3. 送别客人礼仪

礼仪要求：站位合理；引领到位；主动服务；礼貌送别。

其操作标准如下。

1）送别散客礼仪操作标准

（1）客人出店，门童应当主动点头致意，对暂时离开的客人应说"一会儿见"，对结账离店的客人应说"祝您一路平安，欢迎您再次光临"。

（2）客人乘车离店时，门童引导车辆停靠的地方应能方便客人上车和装运行李。

（3）客人如有行李，门童或行李员应礼貌地请客人核实行李数量。

（4）等车停稳后，门童站在适当位置处，拉开车门约70度角，请客人上车，并视具体情况为客人护顶。

（5）等客人坐稳后，轻轻关上车门。关门时注意不能夹住客人的衣服、裙子和物品，这是极为不礼貌的。

（6）门童应站在靠近大门一侧汽车斜前方1米左右处，挥手向客人告别，目送客人离开，等客人走出视线后再转身离开。

2）送别团队客人礼仪操作标准

（1）门童站在车门一侧，向客人点头致意，代表饭店对客人的光临表示感谢，祝客人一路平安，欢迎客人再次光临。

（2）注意客人上车的过程，发现行动不便、手提行李过多的客人应当主动提供帮助。

（3）经导游员确认客人全部到齐后，门童指挥车辆离开。

（4）站在客车前方约1.5米处，上身前倾15度，双眼目视客人，挥手向客人告别，目送客人离开，等客人走出视线后再转身离开。

（二）行李员服务礼仪

1. 迎送客人行李服务礼仪

（1）客人抵达时，应热情相迎，微笑问候，帮助提携行李。当有客人坚持亲自提携物品时，应尊重客人意愿，不要强行接过来。在推车装运行李时，要轻拿轻放，切忌随地乱丢、叠放或重压。

（2）陪同客人到总服务台办理住宿手续时，应侍立在客人身后一米处等候，以便随时接受宾客的吩咐。

（3）引领客人时，要走在客人左前方两三步处，随着客人的步子行进。遇拐弯处，要微笑向客人示意。

（4）乘电梯时，行李员应主动为客人按电梯按钮，以手挡住电梯门框敬请客人先进入电梯。在电梯内，行李员及行李的放置都应该靠边侧，以免妨碍客人通行。到达楼层时，应礼让客人先步出电梯。如果有大件行李挡住出路，则先运出行李，然后用手挡住电梯门，再请客人出电梯。

（5）引领客人进房时，先按门铃或敲门，停顿三秒钟后再开门。开门时，先打开过道灯，扫视一下房间，确认无问题后再请客人进房。

（6）进入客房，将行李物品按规程轻放在行李架上或按客人的吩咐将行李放好。

箱子的正面要朝上，把手朝外，便于客人取用。与客人核对行李，确认无差错后，可简单介绍房内设施和使用方法。询问客人是否有其他要求，如客人无要求，应礼貌告别、及时离开客房。

（7）离房前应向客人微笑礼貌告别，目视客人，后退一步，再转身退出房间，将门轻轻拉上。

（8）宾客离开饭店时，行李员进入客房前必须按门铃或敲门通报，得到客人允许后方可进入房间。

（9）客人离店时，应询问宾客行李物品件数并认真清点，及时稳妥地运送并安放到车上。

（10）行李放好后，应与门厅应接员一起向客人热情告别，如"欢迎再次光临"、"祝您旅途愉快"，并将车门关好，挥手目送车辆离去。

2. 行李寄存服务礼仪

（1）客人前来寄存时，向客人讲清楚服务费用，并记录下客人的姓名、房间号、证件号码以及所存物品。

（2）检查客人需要寄存的物品后，请客人填写单据，一式两联，一联交给客人作取回寄存物品的凭据，另一联留存备档。

（3）对易损物品一般不寄存。若寄存衣帽等小件物品，须强调衣服口袋里不能有贵重物品或钱款，并提醒客人自行保管或指点客人将贵重物品存放到专业柜台或总服务台。

（4）认真对待客人的物品，要有规矩地摆放整齐，小心保管，不要遗失。大衣一律要用衣架挂起，小件物品（如头巾、围巾、手套）等应放在大衣口袋里。

（5）客人来取寄存物品时，一定要仔细核对单据；核对无误后，将物品交给客人，并请客人当面点清。

（6）若客人不小心将单据遗失，寄存处工作人员要与总服务台的值班经理联系，用客人的身份证或其他有效证件证明客人的身份，问清寄存物品的特征和件数，确信与实际情况相符后方可让客人签字领走物品。

知识拓展

国际金钥匙组织介绍及其在中国的发展

国际金钥匙组织起源于法国巴黎，自1929年至今，是全球唯一拥有80多年历史的网络化、个性化、专业化、国际化的品牌服务组织。现在国际饭店金钥匙组织已拥有超过4 500名来自34个国家的金钥匙成员。对比欧洲和美洲，亚洲男性选择从事这一职业的占有一定比例人数，中国的会员数量已将近500名（少数为女性）。而在中国旅行的客人正在继续加深对饭店金钥匙的认识，以便知道如何获得饭店金钥匙的帮助。在中国一些大城市里，金钥匙委托代办服务被设置在酒店大堂，他们除了日常管理和协调好行李员及门童的工作外、还负责许多其他的礼宾职责。

中国是国际金钥匙组织的第 31 个成员。自 1995 年被正式引入中国以来,该组织在中国已并覆盖到 208 个城市、1 300 多家高星级酒店和高档物业,拥有 2 300 多名金钥匙会员。2008 年国际金钥匙组织中国区荣幸地受到第 29 届奥运会北京奥组委的邀请,作为唯一的品牌服务机构参与运动员村和媒体村的接待服务。百年奥运首次展现金钥匙的服务。

大家知道,钥匙是开锁的,一把钥匙开启一把锁。如果我们把"钥匙"比喻为"方法","锁"比喻为"困难或问题",那么一种方法只能解决一种难题。而"金钥匙"则是万能钥匙,能开启各种各样的"锁",解决各种各样的难题。

在中国的酒店和高档物业里,可以看到这样一群年轻人。他们身着考究的深色西装或燕尾服,衣服上别着一对交叉的"金钥匙"标记,彬彬有礼,笑容满面地为客人提供委托代办服务,帮助客人解决各种难题——他们是中国金钥匙。

金钥匙是一个国际的服务品牌,拥有一个先进的服务理念和标准;是一位服务的专家,服务的榜样;也是一个服务的网络。

两把金光闪闪的交叉金钥匙,一把用于开启企业综合服务的大门;另一把用于开启城市综合服务的大门。金钥匙是企业内外综合服务的总代理,是个性化、极致化服务代表。"金钥匙是大酒店的小管家,小酒店的大管家,物业服务的贴心管家"。

▶ 实训考核

组别: _____ 姓名: _____ 时间: _____ 成绩: _____

	小组互评(50%)	教师评分(50%)	总分(100)
听课认真程度			
门童引导车辆服务礼仪熟练程度			
门童客人下车服务礼仪熟练程度			
门童送别客人服务礼仪熟练程度			
行李员迎送客人服务礼仪熟练程度			
行李员行李寄存礼仪服务礼仪熟练程度			
参与实训认真程度			

情景三

客房部员工服务礼仪

任务一　客房楼层接待服务人员礼仪

⚡ 导　读

客房的接待服务是饭店服务的主体。客人入住饭店后，绝大部分的接待服务工作是在楼层完成的。楼层接待服务，不仅要用整洁、舒适、安全和具有魅力的客房迎接客人，而且还要随时提供主动、热情、耐心和周到的服务，使客人"高兴而来，满意而归"。

一、学习目标

【知识目标】

◉ 熟练掌握楼层接待服务人员的各种礼仪规范。

【技能目标】

◉ 能够根据礼仪规范，为客人提供良好的客房楼层接待及送别服务。

⚡ 训练任务

1. 实训目的

通过对客房楼层接待服务礼仪基本要求的介绍和操作技能的训练，学生应能熟练地根据礼仪规范进行客房楼层接待及送别服务，并能根据具体情况，随机应变，处理一些突发及常见情况。

2. 实训要求

一是满足宾客物质享受的要求，即提供一个清洁、舒适、安全和宜人的硬件环境；二是满足宾客精神享受的要求，即提供优质多样的服务，其中最重要的一条就是在接待服务中讲究礼貌礼节，注重礼仪。

3. 活动设计

先由教师对客房楼层接待服务礼仪知识进行讲解，并通过视频展示，使学生直观地感受到客房接待服务礼仪的良好作用。然后学生可以2人一组，进行分组模拟练习，练习的场景主要为楼层接待服务礼仪中的迎客和送客礼仪，小组之间可以交换场景进行操练，让每一小组把几个场景都演练一遍。场景的具体内容由学生小组自由讨论决定。然后，请表现最为优秀的小组为大家做示范表演，最后由教师进行点评。课后每位学生应写出实训报告。

⚡ **案例导入**

能开门吗？

有一名自称是酒店住客的男士告诉楼层接待人员说自己不知道房间在哪里且钥匙忘带了，请求帮忙。

思考：

若站在客房楼层接待服务员的角度上，该如何处理这种情况？

分析提示：

（1）首先要用礼貌的语言询问客人的真实身份，确认其是住店客人后方可开门。

（2）如果发现这名男士有什么可疑举动，不要当即指出，而是以隐蔽的方式迅速汇报给主管。

二、实训内容

（一）楼层接待服务礼仪

（1）在客人抵达前，要整理好房间，检查设备用品是否完好、充足，调节好房间的温度和湿度，为客人提供清洁、整洁、卫生、舒适、安全的客房。

（2）楼层服务员接到来客通知，要在电梯口迎接，主动问候客人："先生（小姐）您好，一路辛苦了，欢迎光临！"如果是常客，要称呼客人的姓氏。

（3）引导客人出电梯，主动帮助客人，征得同意后帮助客人提携行李。

（4）引领客人到客房，到达房间门口时先开门、开灯，侧身一旁，请客人进房，然后放置好客人的行李物品。

（5）客人进房后，根据人数和要求，灵活递送毛巾和茶水，递送时必须使用托盘和毛巾夹，做到送物不离盘。

（6）根据客人的实际情况，礼貌地介绍房间设备及其使用方法，简要介绍饭店内的主要服务设施及其位置、主要服务项目及服务时间，帮助客人熟悉环境。对房内需要收费的饮料、食品和其他物品，要婉转地予以说明。

（7）接待服务要以客人的需要为准，体现为客人着想的宗旨。若客人不想被打扰，需要安静地休息时，服务人员应随机应变，简化某些服务环节。

（8）在问清客人没有其他需求后，应向客人告别，立即离开。可说"请好好休息，有事尽管吩咐，请打电话到服务台"，并祝客人住宿愉快。退出房间后，要轻轻将门关上。

（二）访客接待礼仪

（1）尽量记住住宿客人的姓名、特征等，并注意尊重客人的隐私，不将客人的房号、携带物品及活动规律等告诉无关人员，不要给客人引见不认识的人员。

（2）访客来访时，应礼貌问好，询问拜访哪位客人，核对被访者姓名、房号是否一致。在征得客人同意后，请客办理登记手续，才能指引访客到客人房间。未经客人允许，不要将来访者带入客人房间。

（3）访客不愿意办理来访登记手续，应礼貌耐心地解释，并注意说话技巧，打消来访者的顾虑，求得对方配合；如访客执意不登记，应根据来访者与被访者的身份、来访目的与时间，酌情处理。

（4）若住客不愿见访客时，要礼貌委婉说明住客不方便接待客人，不要将责任推给住客，同时不能让访客在楼层停留等待，应请访客到大堂问询处，为其提供留言服务。

（5）住客不在，若有访客带有客房钥匙要进房取物时，服务人员要礼貌地了解访客对住客资料的掌握程度及与住客的关系；若有访客带有住客签名的便条但无客房钥匙时，服务员应将便条拿到总台核对签名。确认无误后办理访客登记手续，然后陪同访客到客房取物品。住客回店后，服务员应向住客说明情况。

（6）客人外出，交代来访者可以在房内等待，服务员应仔细询问来访者的姓名及特征，经过辨别确认后，请来访者办理访客登记。如访客要带物品外出，服务员应及时询问，并做好记录。

（7）宾客接待来访者时，要按客人的要求，备足茶杯，供应茶水。

（8）服务员在岗时要保持相应的警觉，对可疑来访者应上前有礼貌地询问清楚，要坚持原则、刚柔相济，杜绝不良人员制造事端。

（三）客人离店服务礼仪

（1）得知客人离店的日期后，服务员要热情关照客人，仔细检查客人委托代办的项目是否已经办妥，主动询问是否需要提供用餐、叫醒、出租车等服务，主动询问客人意见，认真记录，并衷心感谢，但不要强求或过多耽误客人时间。

（2）客人离房要送至电梯口，礼貌道别，并欢迎客人下次光临。对重要客人和老弱病残者要送至前厅，并给予特别照顾。

（3）客人离房后要迅速检查房间，查看有无遗忘遗留物品，房间内的各种配备用品有无损坏或缺失，各种需要收费的饮料、食品和物品有无消耗。如果发现遗留物品，应尽可能归还原主,如果客人已走,则按酒店的遗留物品处理规定保管和处理。如果发现物品缺失或损坏,应立即打电话与总台联系,机智灵活处理,不可伤害客人的感情和自尊心。如果发现有收费物品的消耗,应立即打电话与总台联系,与客人进行结算。

▷ 实训考核

组别:_____ 姓名:_____ 时间:_____ 成绩:_____

	小组互评(50%)	教师评分(50%)	总分(100)
听课认真程度			
客房楼层接待服务礼仪熟练程度			
客房楼层访客接待服务礼仪熟练程度			
客人离店服务礼仪熟练程度			
参与实训认真程度			

任务二　客房服务礼仪

⚡ 导　读

客房是酒店的一个重要组成部分,它为客人提供 24 小时服务,客房也是客人临时的家,是客人在酒店中逗留时间最长的地方,客房的清洁卫生程度、安全状况、设备与物品的配置,服务项目是否周全,以及服务人员的服务态度和服务水准,都是客人关心的地方,并直接影响客人对酒店的印象。

一、学习目标
【知识目标】
◉ 熟练掌握客房日常服务礼仪规范及特殊情况下服务礼仪规范。
【技能目标】
◉ 能够根据礼仪规范,为客人提供良好的客房日常服务。
◉ 能够按照礼仪要求,为客人提供良好的客房特殊情况服务。

⚡ 训练任务

1. 实训目的

通过对客房服务礼仪基本要求的介绍和操作技能的训练，学生应能熟练地根据礼仪规范进行客房服务，并能根据具体情况随机应变，使客人体会到家的温暖。

2. 实训要求

满足客人物质享受的要求，即提供一个清洁、舒适、安全和宜人的硬件环境；满足客人精神享受的要求，即提供优质多样的服务。

3. 活动设计

先由教师对客房服务礼仪知识进行讲解，并通过视频展示使学生直观感受到客房服务礼仪的良好作用。然后学生可以2人一组，进行分组模拟练习。练习的场景主要为客房日常服务和特殊情况服务的场景，小组之间可以交换场景进行操练，让每一组都把几个场景演练一遍，场景的具体内容由学生小组自由讨论决定。最后请出表现最为优秀的小组为大家做示范表演，由教师进行点评。课后每位学生应写出实训报告。

⚡ 案例导入

与客人相撞

小李是某大专院校酒店管理专业的学生，被派往滨海假日酒店客房部实习，但实习第一天就遭到了客人投诉。原来他在去做房时，敲门后还没来得及听客人的回应就直接开门冲进去，和客人撞了个满怀，引起客人的极大不满。

思考：

怎么避免这种情况发生？

分析提示：

一定要明确，客人入住房间后，客房就是客人的私人空间，不经允许不能随便入内；若遇到上述情况，即使客人破口大骂，服务人员也要忍气吞声，并真诚道歉，不能与客人对抗。

二、实训内容

（一）日常服务礼仪

1. 客房清洁服务礼仪

（1）客人一旦入住，客房即成为其私人空间，服务人员不能随意进出该房间。整理房间应尽量避免打扰客人的休息与工作，最好在客人外出时进行；动用客房内的任何一样东西，都应事先征得客人同意。

（2）有事需要进入客房时，必须讲究礼貌。先按门铃两下，未见动静，再用中指关节有节奏地轻敲房门，每次为三下，一般为两次，同时自报"Housekeeping"，在听到客人肯定的答复或确信房间内无人后方可进入。

（3）敲门时，对可能出现的各种情况应该灵活处理。敲门时，门已经打开或客人来开门，要有礼貌地向客人问好，并征得客人允许，方可进入客房为其服务。

敲门时，房间内无人答应，进房后发现客人在房间或在卫生间，若客人穿戴整齐，要立即向客人问好，并征询客人意见，是否可以开始工作；若客人衣冠不整，应马上道歉，退出房间并把门关好。

如果客房挂有"请勿打扰"牌或亮有"请勿打扰"灯，服务人员不应打扰。超过下午2点仍有"请勿打扰"提示，可通知客房主管或大堂副理，打电话向客人征询意见。若房间内无人接听电话，则由客房部主管、大堂副理、保安人员一起开门入房。若有异常情况，则由大堂副理协调处理；若是客人忘记取消"请勿打扰"提示，服务人员在清洁客房后，可留言告知客人。

（4）打扫客房时，不得擅自翻阅客人的文件物品，打扫完后物品应放在原处，不能随意扔掉客人的东西，如便签、纸条等；不可在客人房间看电视、听音乐；不可用客人的卫生间洗澡；不可取食客人的食品；不得接听客人的电话。清扫工作中，不管是否有客人在房间，都应按正确的清洁规范操作，以良好的职业道德修养提供给宾客真正安全、卫生的服务。

（5）清扫时，如宾客在交谈，不要插话，更不能趋近旁听，不向客人打听私事；如客人挡道，应礼貌打招呼，请求协助。

（6）客房清洁过程中，遇到客人回来，服务员要礼貌地请客人出示房间钥匙或房卡，确定是该房间的客人，并询问客人是否可继续整理。如果客人需要整理，应尽快完成，以便客人休息。

（7）打扫完毕，不要在客房逗留。如客人在房间，离开时应轻声说："对不起，打扰了，谢谢！"然后礼貌地后退一步，再转身走出房间，轻轻关上门。

（8）清扫时，遇到宾客外出或回房间，都要点头微笑问候，切勿视而不见，不予理睬。在楼道中遇到客人，在离客人3米远处开始注视客人，放慢脚步，1米远时向客人致以问候，楼道狭窄时要侧身礼让客人。

（9）工作时，不能与他人闲聊或大声说话，做到说话轻、走路轻、操作轻。在过道内行走，不要并行，不得超越同方向行走的客人。遇事不要奔跑，以免造成紧张气氛，如有急事需要超越客人应表示歉意。

2. 其他服务礼仪

（1）客人需要送洗衣物时，应认真核对件数、质料、送洗项目和时间，检查口袋里有无物件、纽扣有无脱落、衣物有无破损或严重污点等。如有，应当面向客人指明，并在洗衣单上注明。洗烫完毕的衣物应及时送回客房，若客房有"请勿打扰"提示，可将特制的说明纸条从门缝处塞进去，以告知客人方便时通知服务员送进房。

（2）客人委托代订、代购和代修的事项要询问清楚，详细登记并重复确认，及时为客人服务。对于客人合理的随机服务要求，要快捷高效完成，不可无故拖延。

（3）服务员不得先伸手与客人握手，不抱玩客人的孩子，不与客人过分亲热；与客人接触，应注意文明礼貌，有礼有节，不卑不亢。

（二）特殊服务礼仪

（1）宾客在住宿期间生病，服务员应主动询问是否需要到医院就诊，并给予热情关照，切不可自行给客人用药或代客买药。若客人患突发性疾病，应立即报告上司与大堂副理，联系急救站或附近医院，不可拖延时间；若发现客人已死亡，应注意保护现场并立即报告保安部，并协助公安、医务部门调查。

（2）宾客住店期间，若发生酗酒现象，服务员应理智、机警地处理，尽量安置酗酒客人回房休息，并注意房内动静，必要时应采取措施。对醉酒吵闹的客人，要留意其动静，避免出现损坏客房设备、卧床吸烟而引起火灾、扰乱其他住客或自伤等事件，必要时通知上司和保安部人员。

对醉酒酣睡的客人，要同保安人员一起扶客人进房，同时报告上司，切不可单独搀扶客人进房或为客人解衣就寝，以防客人醒后产生不必要的误会。

对醉客纠缠不休要机警应付，礼貌回避。

对醉客的呕吐物要及时清扫，并设法保持房内空气清新。

（3）客人称钥匙遗忘在客房，要求服务员为其开房门时，应请客人出示住房卡，核对日期、房号、姓名等无误后，方可为其开门。若客人没有住房卡，应请客人到总台核对身份无误后，方可为其开门。

（4）客人在客房内丢失财物，服务员应安慰并帮助客人回忆财物丢失的过程，同时向上司和保安部报告，协助有关人员进行调查，不能隐情不报或是自行其是。

▶ **实训考核**

组别：_____ 姓名：_____ 时间：_____ 成绩：_____

	小组互评（50%）	教师评分（50%）	总分（100）
听课认真程度			
客房日常服务礼仪熟练程度			
客房特殊服务礼仪熟练程度			
参与实训认真程度			

情景四

餐饮部员工服务礼仪

任务一　餐厅领位员服务礼仪

⚡ 导读

　　酒店餐饮部是向宾客提供食品、饮料和相应各种服务的部门。目前我国酒店业的餐饮收入约占酒店总收入的三分之一，而且餐饮经营的成功直接影响着酒店客房和商品销售，起到互相促进的作用。餐饮部服务人员，每天工作中需要直接与宾客接触，其服务态度、礼貌礼仪，甚至举手投足、只言片语都有可能对宾客产生深刻的印象。因此，餐饮服务是饭店接待工作中极为敏感和重要的一个环节。对客人来说，用餐既是需要，又是享受。餐厅既要满足客人最基本的饮食需求，又要让客人在优雅的环境中感受到热情周到的服务，在精神上得到享受和满足。

　　客人来到餐厅门口，首先看到的是餐厅领位员。餐厅领位是餐厅服务流程中的第一个环节，同时兼有服务和礼仪两种职能。服务员的引领工作直接关系到客人对餐厅第一印象的好坏，对后续服务的进行将会起到很好的铺垫作用。因此，服务员在引领时的表现也要有一定艺术性，只有微笑和鞠躬是远远不够的，服务员的亲和力和遇到矛盾时与客人进行协调的能力也非常重要。客人发牢骚时，不仅不能拉下脸，而且要和颜悦色地耐心解释，发挥自己的协调能力以解决好座位问题或者各种矛盾。总之，倾情地为人服务是餐厅服务人员应该时刻持有的态度。

一、学习目标

【知识目标】

◉ 能够掌握酒店餐厅服务中引领服务礼仪的基本常识和规范。

【技能目标】

◉ 能够根据餐厅引领服务礼仪规范的要求，熟练地为客人进行引领服务，并能有礼貌地处理各种特殊情况。

训练任务

1. 实训目的

通过对语言礼仪的学习，学生能够明确餐厅引领礼仪的重要性，掌握引领礼仪的要领和注意事项，从而使客人有宾至如归的感觉。

2. 实训要求

着装整洁，仪容美观，仪表大方，微笑服务，热情待客。

3. 活动设计

可先让学生模拟餐厅服务员的引领服务进行角色扮演（客人可以是比较刁难的），询问学生的感受，通过此环节学生应思考餐厅引领服务的流程和规则，并认识到拥有良好的餐厅引领服务是需要认真学习和训练的。然后学生观看星级酒店餐厅服务员为客人提供良好餐厅引领服务的录像，并再次讨论餐厅引领服务的基本流程和注意事项。最后由老师对餐厅引领服务礼仪进行详细的讲解示范，并由学生再次进行分组角色扮演的练习。课后每名同学撰写实训报告，复习总结所学知识和技能。

案例导入

餐厅领位员小李的困惑

某餐厅的领位员小李，她面带甜美的微笑，时而引客人进入餐厅，时而与离开餐厅的客人热情道别，服务热情周到，礼貌、规范。正值晚餐时间，来了一位很亮丽的小姐，领位员热情礼貌地问道："小姐，您好，欢迎光临，请问您几位？有预订吗？"岂知那位小姐根本就不搭理。领位员赶紧又问了一遍："请问您几位？"那位小姐立即生气地冲领位员喊起来："你什么态度？你管我几位？没完没了的，你查户口吗？"领位员解释道："我问您几位，好给您找个合适的座位啊！"那位小姐更生气了："你管我几位，我愿坐哪儿就坐哪儿！"刚好餐厅的主管看见了，忙赶过来让领位员离开，诚恳地向此小姐道歉："对不起，小姐，您别生气，我们的服务员态度不好，请您原谅，您里边请，请您自己选择您喜欢的座位，请！"……这时，领位员心里直纳闷，我按规范的领位员礼貌询问她几位，怎么就不对了呢？我觉得我态度很好啊，又没冲撞客人，主管怎么又说我态度不好呢？

思考：

请大家展开讨论。怎样帮这个领位员解开心里的这个"纳闷"呢？

分析提示：

领位员在引领客人进餐厅时，应用问候语欢迎客人的光临，然后用征询语询问客人是否预订，了解客人就餐需要和喜欢的餐位，这是领位员的规范服务流程。但是，当遇到独身来餐厅的客人时，就要细心观察并且言行谨慎了。因为独身来就餐的客人本来就有孤独的感觉，所以服务问话时就不能强化客人这种"孤独感"，比如问"就您一位吗?"或强行地去问客人多少位。此领位员在客人对她的问候不搭理后，没有敏捷地思考，反应不敏感，主要表现在：

（1）客人不回答问题，就已表明客人不喜欢这样的问话内容，但服务员却追着问。对单身来就餐的客人心理不了解，触犯客人忌讳，引起客人不满，已经错了第一步。（客人可能一人来就餐，又不想说只是自己一人，更不想让服务员再强调这一点。）

（2）当那位小姐对领位员问话发火后，领位员还仍死板地解释说"是想为您找个合适的座位"，这是一种强加于客人的服务。（当看到客人不愿意盘问，就不能一味地想辩解出个结果，而应机敏地停止询问，让客人自己选择。）

（3）作为餐厅服务人员，要充分理解客人，但却无权要求客人理解服务员（领位员不应不顾客人的烦躁情绪，一心想解释清自己问话的目的，非要让客人理解自己的做法）。服务人员运用服务规范不能机械、死板，而要根据客人就餐心理灵活处理，以使客人满意为目的。

二、实训内容

（一）餐厅引领服务礼仪基本要求
（1）熟练掌握餐饮服务的基本常识和基本技能。
（2）有良好的外事纪律和精神文明修养。
（3）服务语言运用准确规范。
（4）坚持站立服务和微笑服务。
（5）服务主动、热情、礼貌、大方，能够掌握分寸，讲究精神文明，使客人有亲切感。

（二）餐厅引领服务礼仪基本内容
（1）在客人走近餐厅约 3 米时，应面带微笑注视客人；约 1.5 米时，热情问候客人，对熟悉的客人宜用姓氏打招呼。当男女宾客一起走进来，应先问候女宾，再问候男宾。

（2）征得同意后主动接过客人的衣帽，并放置保管好。如遇雨天，要主动收放客人的雨具，客人离开时及时把雨具递上。

（3）问清客人有几位，是否有预订，对已预订的客人，要迅速查阅预订单或预定记录，将客人引到其所订的餐桌。如客人没有预订，应根据客人到达的人数、客人喜好、年龄、身份等情况安排合适的餐桌。

（4）引领客人应注意"迎客走在前，送客走在后，客过要让道，同走不抢道"的基本礼仪。引领时应在宾客左前方 1 米左右的距离行走，并不时回头示意宾客。

（5）主动请宾客入座，按照先主宾后主人、先女宾后男宾、先年长者后年轻者的顺序拉椅让座。

（6）客人入座后，值日服务员应及时递送香巾、茶水，并礼貌地招呼客人使用。递送时按顺时针方向从右到左进行，递送香巾要使用毛巾夹；端茶时要轻拿轻放，切忌用手指触及杯口。

（7）若餐厅内暂无空位，要向宾客表示歉意，并询问宾客是否愿意等候。如果客人表示可以等候，应让客人到休息室暂坐等候；如果客人无意等候，应热情相送，并欢迎再来。

知识拓展

迎宾领位小姐常用英语口语

（1）Good morning, Sir. Welcome to ×× Food Center.

先生，早上好！欢迎您到××饮食中心来！

（2）Good afternoon, Madam. This is ×× Food Center. May I help you?

夫人，下午好！×× 饮食中心。需要我为您效劳吗？

（3）Good evening, Miss Wang. Welcome to our Food Center. Have you made a reservation?

王小姐，晚上好！欢迎光临本饮食中心。请问有没有预订？

（4）Good morning, Sir. Have you had a reservation?

早上好！先生。请问订座了吗？

（5）Hello! ×× Food Center at your service.

您好！××饮食中心竭诚为您服务。

（6）Good evening, Ladies and Gentlemen. Welcome to our restaurant.

晚上好，女士们和先生们！欢迎光临本餐厅。

（7）Here's reception. What can I do for you?

这里是接待处，可以为您效劳吗？

（8）How many guests are there in your party, Sir?

先生，请问你们团一共几位？

（9）How many people in all, please?

请问一共几位？

（10）Good evening. A table for two?

晚上好。是两位吗？

（11）Are you being served?

已经有人接待您了吗？

（12）Mr. Chang, your table is No. 11 on the second floor. We are looking forward to having you.

张先生，您预订的是二楼11号桌，我们恭候您的光临。

（13）This table No. 8 is specially reserved for you.

这张 8 号桌是专门为您预留的。

（14）Good afternoon, Sir. Nice to see you again.

先生，下午好，很高兴再次见到您。

（15）Good evening, Sir. Are you expecting anyone?

先生，晚上好。您还等什么人吗？

（16）I'll give you a small table available. Is that all right?

我给您安排一张有空位的小桌子，这样行吗？

（17）We shall confirm the reservation by phone.

我们会打电话来确认预订事宜的。

（18）Welcome! We are looking forward to having you with us.

欢迎！我们恭候您的大驾光临。

（19）Good afternoon, Sir. It is the business time now.

下午好，先生。现在是营业时间。

（20）Good evening, Ladies and Gentlemen. You are of the same tourist party, aren't you?

女士们、先生们，晚上好。你们是同一个旅游团的吧？

（21）Which country do you come from?

请问您是从哪个国家来的？

（22）There are twenty-four people in your party. Is that correct?

你们团一共是 24 位，对吗？

（23）We've arranged three tables on the second floor for you. They're No. 3, No. 4, No. 5. Eight people for each table.

我们为你们在二楼安排三张餐桌，台号分别是 3、4、5，每 8 个人一桌。

▶ 实训考核

组别：_____　　姓名：_____　　时间：_____　　成绩：_____

	小组互评（50%）	教师评分（50%）	总分（100）
听课认真程度			
引领服务礼仪基本要求掌握情况			
引领服务礼仪基本内容练习情况			
参与实训认真程度			

任务二 餐厅值台服务员礼仪

⚡ 导 读

　　餐厅值台员即台面服务人员，其主要工作是按照服务规范和工作程序做好餐厅的台面服务工作，具体工作包括点菜、上菜、餐间和结账服务。台面服务是决定客人就餐满意与否的主要服务环节，在这个环节中，值台服务员与客人的交流很多，需要注意的礼仪规范也比较多。因此，同学们要认真学习，并在实训中加以体会掌握。

一、学习目标

【知识目标】

- 能够牢固掌握酒店餐厅台面服务中点餐、上菜、餐间和结账服务礼仪的基本要求及内容。

【技能目标】

- 能够根据餐厅台面服务礼仪规范的要求，熟练地为客人进行点餐、上菜、餐间和结账服务，并能有礼貌地处理各种特殊情况。

⚡ 训练任务

1. 实训目的

　　通过对值台服务员礼仪的学习，学生能够明确餐厅台面礼仪的重要性，掌握台面服务礼仪的要领和注意事项，从而使客人既品尝到美食，又享受到优雅的服务。

2. 实训要求

　　熟练掌握餐饮服务的基本常识和基本技能；有良好的外事纪律和精神文明修养；服务语言运用准确规范；坚持站立服务和微笑服务；服务主动、热情、礼貌、大方，能够掌握分寸，使客人有亲切感。

3. 活动设计

　　可先让学生模拟餐厅值台服务员的台面服务进行角色扮演（客人可以是比较刁难的），询问学生的感受，通过此环节学生应思考餐厅台面服务的流程及需要注意的礼仪规范，并认识到拥有良好的餐厅引领服务礼仪是需要认真学习和训练的。然后学生观看星级酒店餐厅服务员为客人提供良好餐厅台面服务的录像，并再次讨论餐厅台面服务中需要注意的礼仪规范。最后由老师对餐厅台面服务礼仪进行详细的讲解示范，让学生再次进行分组角色扮演的练习，并挑选出表现比较出色的一组为大家表演。课后每名同学撰写实训报告，复习总结所学知识和技能。

⚡ **案例导入**

熟客带了很多朋友前来就餐

一对来自葡萄牙的年轻夫妇来到假日酒店的巴西餐厅就餐，服务员小丽热情招待，并努力学习葡萄牙语来对他们进行问候和道别。小丽还努力记住这对夫妇的名字和口味偏好，使客人感觉非常满意。以后这对夫妇经常带朋友来巴西餐厅就餐。

思考：

请大家展开讨论并思考小丽服务成功的秘诀是什么？

分析提示：

这是餐饮服务的一个成功案例。熟客是餐厅免费广告，所以对熟客一定要更加有礼貌地认真对待，而不要觉得很熟了就不用太在意了。除了对客人进行常规的热情服务外，还要努力满足客人的个别要求，提供个性化服务，这样客人才会有很高的满意度。

二、任务实施

（一）点菜服务礼仪

（1）客人入座后，服务员要立即递上干净、无污损的菜单。菜单应双手递送到客人面前，并说："请您点菜。"不可将菜单往桌上一扔或是随便塞给客人。如果男女客人在一起，应将菜单先递给女士；如果多人一起用餐，应将菜单递给主宾。

（2）客人点菜时，服务员不要以不耐烦的语气或举动来催促，应耐心等候，让客人有充分的时间选择菜肴。

（3）为客人点菜时，应准备好纸和笔，微笑站立在客人一侧，认真记录客人点的每一道菜和饮料，点菜结束后要复述一遍，杜绝差错。

（4）同客人说话时，要热情亲切，面带微笑，有问必答。当客人犹豫不定、征求服务员意见时，应视时间、客人人数、大致身份、就餐目的等具体情况，善解人意地为客人推荐合适的菜肴，并注意观察揣摩客人的心情和反应，不要勉强或硬性推荐。讲究说话方式，例如不要讲"这个菜你吃不吃"、"这个菜很贵的"等让人感到不愉快的话语，真正为客人当好参谋。

（5）了解每日菜肴供应情况，如果客人点的菜当日没有现货供应，要礼貌致歉，求得宾客谅解，并向客人建议点其他类似的菜肴，防止出现客人连点几道菜均无货可供的尴尬局面。

（二）上菜服务礼仪

（1）餐厅服务要讲究效率，缩短客人的等候时间，一般客人点菜以后 10 分钟内凉菜要上齐，热菜不超过 20 分钟。传菜时必须使用托盘，热菜必须热上，凉菜必须凉上。

（2）服务员对厨师做出的菜肴要做到"五不取"，即数量不足不取，温度不够不取，颜色不正不取，配料、调料不齐不取，器皿不洁、破损和不合乎规格不取。

（3）服务员要做到"三轻"，即走路轻、说话轻、操作轻。传菜时要做到端平走稳、汤汁不洒、忙而不乱，上菜和撤菜动作要干净利落，做到轻、准、平、稳，不推、拉餐盘。

（4）上菜时要选择合适的位置，宜在陪坐之间进行，不要在主宾和主人之间操作。同时报上菜名，必要时简要介绍菜肴的特色典故、风味、食用方法特点等。

（5）如菜肴较多，一般在一道菜用过 1/3 以后，再开始上下一道菜。每上一道菜，须将前一道菜移至副主人一侧，将新菜放在主宾、主人面前，以示尊重。菜上齐后，应礼貌告诉客人："菜已上齐，请慢用。"

（三）餐间服务礼仪

（1）餐间服务中，服务员要做到"四勤"，即眼勤、嘴勤、手勤、腿勤。眼勤指善于关注宾客，通过细心观察发现问题；嘴勤指热情有礼，问好和礼貌接待的语言不离口，有问必答，不厌其烦；手勤指操作娴熟，得心应手，干脆利索，不拖泥带水，不计较分内分外；腿勤指要在服务区域内经常走动服务，以便及时发现和处理问题。

（2）工作中要注意仪态，多人站立时，应站在适当的位置，排列成行。正式宴请中，主方或客方代表发表讲话时，应停止上菜斟酒和服务；若演奏国歌，应自觉肃立，停止一切活动。

（3）服务操作要按照规范要求，斟酒水在客人的右侧进行，上菜、派菜从客人左侧进行，撤盘从客人右侧进行。服务顺序是先主宾后主人，先女宾后男宾，先主要宾客后一般宾客。如果是一个人服务，可先从主宾开始，按顺时针的顺序逐次服务；如果是两名服务员同时服务，应一个从主宾开始，另一个从副主宾开始，依次绕台服务。

（4）为客人斟酒时，要先征得宾客的同意，讲究规格和操作程序。凡是客人点用的酒水，开瓶前，服务员应左手托瓶底，右手扶瓶颈，商标朝向主人，请其辨认核对选酒有无差错，既表现了对客人的尊重，也证明了商品质量的可靠。

（5）斟酒量的多少，要根据酒的类别和要求进行。斟酒时手指不要触摸酒杯杯口，倒香槟或其他冰镇酒类，要使用餐巾包好酒瓶再倒，以免酒水喷洒或滴落到宾客身上。

（6）派菜由服务员左手垫上布将热菜盘托起，右手使用派菜用的叉、匙，依次将热菜分派给宾客。派菜要掌握好数量，做到分派均匀，要做到一勺准，不允许把一勺菜分给两位宾客，更不允许从宾客的盘中往外拨菜。

（7）撤换餐具时要注意：当客人用过一种酒，又要用另一种酒时，须更换酒具；装过鱼腥味的餐具，再上其他类型菜时须更换；吃甜菜、甜汤之前须更换餐具；风味独特、调味特别的菜肴，要更换餐具；芡汁各异、味道有别的菜肴，要更换餐具；骨碟内骨渣超过三块时，须更换骨碟。

（8）更换餐具时，如果客人正在使用应稍等片刻或轻声询问，更换时动作要轻，不要将汤汁洒在客人身上。

（9）撤菜要征求宾客的意见，撤盘一次不宜太多，以免发生意外。不要当着宾客的面处理餐盘内的残物或把餐具堆起很高再撤掉。

（10）上点心水果之前，要将餐台上用过的餐具撤掉，只留下花瓶、水杯、烟缸和牙签筒。水果用完后，可撤掉水果盘、餐盘和刀叉，在餐桌上摆好鲜花，表示宴会结束。

（11）就餐过程中如有客人的电话，服务员应走到客人身边，轻声告诉客人，不可图省事而在远处高声呼唤。

（12）宾客有意吸烟时，应主动上前帮忙点火，将烟灰缸及时放置到客人执烟的一侧。用火柴点烟时，划火后要稍停片刻等火柴气味散发后再给客人点烟。为礼貌起见，一根火柴只给一位客人点烟。烟缸内如果有两三个烟头，要及时更换。

（四）结账服务礼仪

（1）客人用餐完毕要求结账时，服务员应立即核实账单，账单无误后放在收款盘里或收款夹内，账单正面朝下，反面朝上，送至宾客面前，请客人过目。

（2）当客人要直接向收款员结账，应客气地告诉客人账台的位置，并用手势示意。

（3）如果是住店客人签字，服务员要立即送上笔，同时有礼貌地请宾客出示酒店欢迎卡或房间钥匙。核实酒店欢迎卡或钥匙时，检查要认真，过目要迅速，并向客人表示感谢。

（4）客人起身离去时，应及时为客人拉开座椅，并注意观察和提醒客人不要遗忘随身物品。

（5）服务员要礼送客人至餐厅门口，向客人礼貌道别，可说"再见"、"欢迎您再来"等，目送客人离去。

知 识 拓 展 ━━━━━━━━━━━━━━━━

西餐桌上的礼仪

在欧洲，所有与吃饭有关的事，都被备受重视，因为它同时提供了两种最受赞赏的美学享受——美食与交谈。用餐时酒、菜的搭配，优雅的用餐礼仪，以及调整和放松心态来享受环境，正确使用餐具、酒具都是享受美食的必修课。要注意的是，在西方去饭店吃饭一般都要事先预约，在预约时，有几点要特别注意：首先要说明人数和时间；其次要表明是否要吸烟区或视野良好的座位；如果是生日或其他特别的日子，还可以告知宴会的目的和预算。在预定时间到达是基本的礼貌，有急事时要提前通知取消定位，而且一定要道歉。

再昂贵的休闲服，也不能随意穿着上高档西餐厅吃饭，穿着得体是欧美人的常识。

去高档的西餐厅，男士要穿戴整洁，如果指定穿正式的服装，男士必须打领带；女士要穿晚礼服或套装以及有跟的鞋子，女士化妆要稍重，因为餐厅内的光线较暗。进入餐厅时，男士应先开门，请女士进入，并请女士走在前面。入座、点酒都应请女士来品尝和决定。

一般西餐厅的营业时间为中午11点半至下午、晚上6点半后开始晚餐，如果客人早到了，可以先在酒吧喝点酒，然后再进入主餐厅。

就座后可以不急于点菜，有什么问题可以直接问服务生，他们一般都非常乐意回答客人提出的任何问题。若他们不是很清楚，会问询餐厅经理或主厨。

就餐时间太早，中午11点或下午5点半就到了西餐厅、匆匆吃完就走、在餐桌上大谈生意、衣着不讲究、主菜吃的太慢影响下一道菜，以及只点开胃菜、不点主菜和甜点都是不礼貌的行为。

高档西餐的开胃菜虽然分量很小，却很精致，值得慢慢品尝。

餐后可以选择甜点或奶酪、咖啡、茶等等。不同的国家有不同的小费习惯，但是一定要多加赞美和表示感谢。

吃西餐从很大程度上讲是在吃情调：大理石的壁炉、熠熠闪光的水晶灯、银色的烛台、缤纷的美酒，再加上人们优雅迷人的举止，这本身就是一幅动人的油画。为了在初尝西餐时举止更加娴熟，费些力气熟悉一下进餐礼仪，还是非常值得的。

就座时，身体要端正，手肘不要放在桌面上，不可翘足，与餐桌的距离以便于使用餐具为佳。餐台上已摆好的餐具不要随意摆弄。将餐巾对折轻轻放在膝上。

使用刀叉进餐时，从外侧往内侧取用刀叉，要左手持叉，右手持刀；切东西时左手拿叉按住食物，右手执刀将其锯切成小块，然后用叉子送入口中。使用刀时，刀刃不可向外。进餐中放下刀叉时，应摆成"八"字形，分别放在餐盘边上。刀刃朝向自身，表示还要继续吃。每吃完一道菜，将刀叉并拢放在盘中。如果是谈话，可以拿着刀叉，无须放下。不用刀时，也可以用右手持叉。若需要做手势应放下刀叉，千万不可手执刀叉在空中挥舞摇晃；也不要一只手拿刀或叉，而另一只手拿餐巾擦嘴，或一只手拿酒杯，另一只手拿叉取菜。要记住，任何时候，都不可将刀叉的一端放在盘上，另一端放在桌上。

每次送入口中的食物不宜过多，在咀嚼时不要说话，更不可主动与人谈话。

入座后，主人招呼，即开始进餐。取菜时，不要盛得过多。盘中食物吃完后，如不够，可以再取。如由招待员分菜，需增添时，待招待员送上时再取。如果本人不能吃或不爱吃的菜肴，当招待员上菜或主人夹菜时，不要拒绝，可取少量放在盘内，并表示"谢谢，够了"。对不合口味的菜，勿显露出难堪的表情。

吃东西要文雅。闭嘴咀嚼，喝汤不要啜，吃东西不要发出声音。如汤、菜太热，可稍待凉后再吃，切勿用嘴吹。嘴内的鱼刺、骨头不要直接外吐，用餐巾掩嘴，用手取出，或轻轻吐在叉上，放在菜盘内。吃剩的菜，用过的餐具牙签，都应放在盘内，勿置桌上。嘴内有食物时，切勿说话。剔牙时，用手或餐巾遮口。

无论是做主人、陪客或宾客，都应与同桌的人交谈，特别是左右邻座。不要只同几个熟人或只同一两人说话。邻座如不相识，可先自我介绍。

交谈时声音不要过大，不然可能会引起邻座的不满。

交谈时切勿将刀叉对着对方，否则是对对方的不尊敬，造成对你的厌恶。

▶ **实训考核**

组别：＿＿＿＿　姓名：＿＿＿＿　时间：＿＿＿＿　成绩：＿＿＿＿

	小组互评（50%）	教师评分（50%）	总分（100）
听课认真程度			
值台服务员礼仪基本要求掌握情况			
值台服务员点菜服务礼仪练习情况			
值台服务员上菜服务礼仪练习情况			
值台服务员餐间服务礼仪练习情况			
值台服务员结账服务礼仪练习情况			
参与实训认真程度			

任务三　酒吧服务员礼仪

⚡ **导　读**

酒吧是宾客休息娱乐的场所，可供客人喝酒、休闲、交际使用。它通常供应含有酒精饮料的饮品，亦备有汽水、果汁等饮料。由于客人到此的主要目的是放松自己，消除紧张和疲劳感，再加上酒吧供应含酒精的饮品，客人往往因饮酒过量而有失态的情况发生。这就要求服务员在服务时要耐心细致，讲究礼貌礼仪，灵活处理可能发生的各种情况。

一、学习目标

【知识目标】

● 能够牢固掌握酒吧服务中点酒、上酒、客人醉酒及调酒师服务礼仪的基本要求及内容。

【技能目标】

⦿ 能够根据酒吧服务礼仪规范的要求，熟练地为客人进行点酒、上酒、客人醉酒及调酒服务，并能有礼有节地处理各种特殊情况，使客人真正得到休闲放松。

⚡ 训练任务

1. 实训目的

通过对值台服务员礼仪的学习，学生能够明确酒吧服务礼仪的重要性，牢固掌握酒吧各项服务礼仪的要领和注意事项，并能熟练地为客人进行点酒、上酒、客人醉酒及调酒等服务。

2. 实训要求

服务素质要高；服务要具有一定的艺术性和表演性；整洁、利索、训练有素；态度温和、友好；熟悉常规品牌的饮料。

3. 活动设计

可先让学生模拟酒吧服务员的台面服务进行角色扮演（客人可以是比较刁难的），询问学生的感受，通过此环节学生应思考酒吧服务的流程及需要注意的礼仪规范，并认识到拥有良好的酒吧服务礼仪是需要认真学习和训练的。然后学生观看星级酒店酒吧服务员为客人提供良好酒水服务的录像，并再次讨论酒水服务中需要注意的礼仪规范。最后由老师对酒吧服务礼仪进行详细的讲解示范，让学生再次进行分组角色扮演的练习，并挑选出表现比较出色的一组为大家表演。课后每名同学撰写实训报告，复习总结所学知识和技能。

⚡ 案例导入

一杯红茶

陈先生是我们酒店的忠诚客户，每次来都喜欢入住商务楼层，且总习惯去商务酒吧坐坐，约见几位好友聊聊天。第一次来，陈先生点了一壶红茶，第二次来依然点了红茶，第三次来的时候，有心的服务员小沈微笑地征询陈先生道："请问陈先生今天还是喝红茶吗？"陈先生开心地对朋友说："这儿的服务就是不错，服务员很用心哦，我来过两次，就已经知道我爱喝红茶了，但是今天我想换换口味改喝咖啡了。"

思考：

请大家展开讨论并思考小沈服务成功的秘诀是什么？

分析提示：

现在酒店都在提倡个性化服务，收集并运用客史档案是做好个性化服务的一个重要手段。但是在实际工作中，服务员往往会掌握不好尺度，熟悉客人、细心牢记客人的习惯爱好，并不等于可以和客人平起平坐，越俎代庖。本案例中的服务员小沈很细心，捕捉到了陈先生的喜好信息，但是没有擅自决定为客人泡上红茶，因为客人的喜好也会改变。在服务中要处处做个有心人，熟悉客人并不忘尊重客人。

二、实训内容

（一）点酒服务礼仪

1. 态度温和

不管哪位客人要酒，酒吧服务员都必须动作优雅，笑脸相迎，态度温和，以此显示自重以及对客人的尊重。

2. 递酒单

客人坐好后，酒吧服务员应从方便客人的一侧双手送上酒单，然后准备好点酒单和笔等候客人点酒。酒吧服务员对各种各样的酒一定要很熟悉，无论客人问起哪一种，都要能对答如流，并能根据各种酒的特性向客人提出建议。

3. 照顾客人

应随时注意你照看的桌子，如客人已做好了选择或者希望你给予帮助，应立即回到桌边。客人点酒时，要仔细倾听并完整记录客人提出的各项具体要求。对于一些细节问题，就算客人没有提起，也应主动询问客人并记录下来，还可向客人建议各种酒的最佳喝法。

4. 确认

客人点酒完毕，要向客人重述一遍点酒单上的内容，确保无误。点酒单一式三份，吧台和收款台各一份，酒吧服务员自己保留一份。

（二）上酒服务礼仪

酒吧服务员上酒时要用托盘，走路时要保持平稳，切不可摇摇晃晃，以免酒杯里的酒洒出。

上酒时，应先将杯垫及纸巾放在桌面上易拿之处。

上酒水饮料时，要注意手指不要触及杯口。一般拿杯子下半部或杯脚，以示礼貌、卫生。

将酒杯端上桌时，不宜拿得过高，应按由低到高的顺序稳稳地将酒杯送到客人面前。放下酒杯时，动作要轻柔，不可一下将酒杯砸在桌面上，发出大的响声。

上酒时要注意顺序，先宾后主、先女后男、先老后少，不可一次将一位客人的酒都上齐了，而另一位客人面前却什么都还没有。

上酒时，要招呼一声："先生，这是您要的××酒，请慢用。"目的是提醒客人注意，以免碰翻酒水饮料。

若客人点是整瓶的酒，斟酒前应左手持瓶底，右手持酒的颈部，将有酒名厂牌的一面向客人展示，客人认可后，再当面打开瓶塞。酒吧服务员要熟悉各种酒适合用什么酒杯，以及不同的酒杯斟酒应斟到何种程度。

为客人斟酒时，要注意姿势，手不要颤抖，以免将酒洒出。

（三）客人醉酒服务礼仪

（1）在餐厅中对客人饮酒过量的问题，应审时度势，灵活处理，既不能轻易得罪客人，又不能听任客人无节制地饮酒而闹事。要谨慎判断客人醉酒的程度并采取及时有效的措施。

（2）对已有醉意、情绪变得激动的宾客，要注意礼貌服务，不得怠慢，不得讽刺，服务要及时迅速。

（3）如果客人不停地要酒，并且言行已经开始失态，可以试着建议其饮用一些不含酒精的饮料，同时及时报告上司和保安人员来帮助处理。

（4）如果醉酒客人提出一些非分要求，应根据具体情况礼貌、婉转地予以回绝。对醉酒的客人应尽快带离餐厅，以免影响其他客人。

（四）调酒师服务礼仪

（1）尊重客人的选择，按要求、标准严格操作。

（2）坚持站立服务，不背对客人，拿取背后的酒瓶时，应侧身进行，以示对客人的尊重。

（3）讲卫生，文明操作，摇晃调酒壶的动作要适度。

（4）对常来的客人要记住其姓名、爱好。

（5）调酒服务时，不能将胳膊支撑在柜台上，不能双手交叉相抱或斜倚酒柜，更不能与同事聊天。

（6）宾客离去时，要热情道别，欢迎再次光临。

知识拓展

一、法国葡萄酒历史

法国的葡萄酒历史十分悠久，可追溯至公元前 600 年左右，希腊人来到了法国马赛地区，并带来了葡萄树和葡萄栽培技术。公元前 51 年，恺撒征服了高卢地区，正式地葡萄树栽培便在此展开。随着葡萄种植区域不断向北扩展，公元 3 世纪，Bordeaux 和 Burgundy 开始为供不应求的葡萄酒市场酿制葡萄酒。公元 6 世纪，随着教会的兴起，葡萄酒的需求量急增，加之富豪对高品质葡萄酒的需求，加快了法国葡萄酒业发展的脚步。中世纪时，葡萄酒已发展成为法国主要的出口货物。19世纪时，法国的葡萄种植面积创历史新高。1855年，巴黎万国博览会对法国葡萄酒进行了著名的酒庄分级，将法国的美酒推向了世界。

当然，法国的葡萄酒发展并非一直畅通无阻，也曾遭受过重创。19世纪时，欧洲人十分狂热于收集北美洲的植物样本，使法国葡萄染上了白粉病，导致其数量和质量都大幅下滑。后来，根瘤蚜菌又袭击了法国，几乎摧毁了整个法国的葡萄树。而霜霉菌和黑腐病直到20世纪初才结束其对法国葡萄酒产业带来的困扰。

二、法国玛格丽红葡萄酒酒庄简介

法国玛格丽红葡萄酿酒有限公司是世界知名的葡萄酿酒酒庄，是世界公认最大的葡萄酒产地。波尔多玛格丽红葡萄酒享誉世界，它口感柔顺细致，风情万种，有"法国葡萄酒皇后"的美称。

1855年，世界万国博览会在巴黎举行。当时的法国国王拿破仑三世命令波尔多商会将波尔多产区的葡萄酒进行等级评定，这张波尔多葡萄酒等级表流传至今，波尔多五大顶级酒庄（Chateau Lafite-Rothshild、Chateau Margaux、Chateau Latour、Chateau Haut Brion、Chateau Monton-Rothshild）也由此闻名世界。

时过境迁，许多法国波尔多红酒庄园的风貌已大有改观，庄园主历经了数次变更，酿造方法也与先前有了不同，但这个分级法的原则至今仍被人们遵循，并推广到法国乃至世界。古老的葡萄酒行会对波尔多来说，同样值得一提。这是一个由社会名流和葡萄酒专业人士组成的非营利性协会，他们身着古色古香的红顶红袍，系着白色披肩，举行庄严盛大的仪式，隆重纪念与葡萄酒相关的节气和活动。行会世代相传，延续至今。

波尔多是法国最大的 AOC 葡萄酒产区。同样是波尔多 AOC 等级的红葡萄酒，在分级上还大有不同，通常是酒标上标称的产区越小，葡萄酒的质量越高，所以酒庄（margaret red）的酒最为名贵。在波尔多纵横十万公顷的葡萄园上，遍布大小酒庄8 000多个，出产的葡萄酒各具风格，纵是一街之隔，风味亦截然不同，这也是波尔多红酒令人着迷的原因之一。酒城波尔多有句名言：酒是酿造师的孩子。意思是说，有了优秀的酿造师，才能创造出高质量的酒。波尔多玛格丽红葡萄酒的高贵源于它漫长而细致的酿造方式：葡萄汁在发酵过程中，浸皮的时间控制着红酒清澈动人的颜色及酒中丹宁的含量；发酵完成后，需要将沉于发酵槽底的酒渣抽取出来，这是一段缓慢而耐心的过程；接下来是选出品质最好的酒，同时将不同品种的葡萄酒以完美的比例结合。这样不但可以提升酒的品质，而且可以保留下不同品种葡萄的风味，结合出更为独特美妙的口味。经过几个月或更长的时间，葡萄酒从橡木桶中装瓶封盖。此时的红葡萄酒依然具有生命力，它们透过软木塞缓缓地呼吸，继续发生着奇妙的变化，渐渐达到成熟。因此，波尔多红酒大多适宜长期保存，上佳的美酒需要十几年甚至几十年时间才能成熟。

自从古代英勇无畏的水手把葡萄树枝从尼罗河的山谷和克里特岛带到希腊、西西里和意大利南部，再由此传入法国之后，葡萄的种植和酿酒的技术在这块六边形的国土上得到了一代又一代人的改良、提升和发扬光大。葡萄酒文化不仅表现了法兰西民族对精致美好生活的追求，而且也是法国文明和文化不可分割的一个重要部分。

▶ **实训考核**

组别：_____　姓名：_____　时间：_____　成绩：_____

	小组互评（50%）	教师评分（50%）	总分（100）
听课认真程度			
酒吧服务员礼仪基本要求掌握情况			
酒吧服务员点酒服务礼仪练习情况			
酒吧服务员上酒服务礼仪练习情况			
酒吧服务员客人醉酒服务礼仪练习情况			
酒吧调酒师服务礼仪练习情况			
参与实训认真程度			

任务四　宴会服务礼仪

⚡ **导　读**

宴会是酒店餐厅服务的重要收入来源，做好这方面的工作可增加大量收入，提高酒店知名度，有些酒店就是通过举办国家领导人的最重要的宴会而一举成名。1984 年美国里根总统到中国访问，在北京长城饭店举行答谢宴会，长城饭店的地位声誉因此而大大提高。

宴会服务是一项精细的工作，好的宴会服务是一门艺术，给人以美好的享受。一个训练有素的服务人员应眼观六路、耳听八方，能在客人开口提出要求之前就能满足客人的需要，这样的服务才算到了炉火纯青的境界。在宴会服务中，服务人员除了正常服务外，还应注意讲适当的礼貌礼节。

一、学习目标
【知识目标】
● 了解并掌握宴会的主要类型、宴会准备及服务礼仪规范，特别是宴会桌次及座次的排列知识。

【技能目标】

◉ 能够初步应用宴会服务礼仪知识进行宴会准备和宴会服务工作。

⚡ 训练任务

1. 实训目的

通过对宴会服务礼仪基本要求的介绍和操作技能的训练，学生应能初步地根据礼仪规范进行各种类型的宴会服务。

2. 实训要求

根据所学宴会礼仪熟练地进行桌次和座次的排列，并掌握西餐上菜的顺序。

3. 活动设计

先由教师对宴会服务礼仪知识进行讲解，并通过视频展示使学生直观感受到服务礼仪的良好作用。然后学生可以 4～6 人一组，进行分组模拟练习。练习的场景主要是进行宴会准备工作，包括邀请函的制作和会场的布置及服务的过程，场景的具体内容由学生小组自由讨论决定。小组之间可以交换场景进行操练，让每一小组把几个场景都演练一遍。最后请表现最为优秀的一组为大家做示范表演，由教师进行点评。课后每位学生应写出实训报告。

⚡ 案例导入

宴会服务质量应该下降多少？

实习生小李是东莞某家五星级酒店的新员工。由于过年的时候酒店经常有大型宴会，因此常常会号召餐饮部门外的员工加班服务宴会客人。过年前的一天，又一次大型宴会加班，也有小李的名字。晚上经过简短的培训之后，有客人来了，小李等服务员回到自己的岗位上为客人服务。为客人放好席巾、上好茶水之后，突然一位女客人叫住了小李，要求为她的小孩加一个小孩座和一套餐具，并且要求给客人挂在椅子上的衣服拿一个衣套。小李由于是第一次，也不清楚椅子和餐具放在哪里，只好让客人稍等，去求助一位宴会部的领班。哪知那位领班说："规定每桌是 10 个人，客人要求加座你可以不管！宴会服务不用主动服务，衣套也不用给套！"小李纳闷了，宴会客人不是客人吗？为什么服务质量会下降这么多？最后，还是小李自己给客人找来一把椅子和一套餐具，并及时给套上衣套，才没有引起客人的不满。

思考：

宴会服务质量应该下降吗？

分析提示：

"客人就是上帝"，这句话是酒店公认的制胜法宝。对宴会客人的服务不可能要求像服务包房客人那样细致入微，但客人的消费水平的降低并不代表服务质量也可以下降。因为每一位宴会客人都有可能是潜在的酒店客人、甚至是 VIP 客人。更重要的是，如果服务质量出现了大的问题，宴会往往会成为宣传酒店负面影响的温床，不仅会使酒店失去更多的客人，而且会给酒店带来更多不可预知的经济损失。

二、实训内容

（一）国际上通用的宴请形式

国际上通用的宴请形式有宴会、招待会、茶会、工作餐等。

所谓宴会，是指请人赴宴的聚会，是国际、国内社会交往中比较常见的礼仪活动形式之一。人们通常把政府机关、社会团体举办的，具有一定目的和比较讲究礼仪的酒席称为宴会。把私人举办的、规模较小的酒席称为筵席。宴会和筵席的基本含义相同，都是请人聚餐，但宴会比筵席更讲究礼仪。宴会为正餐，坐下进食，由招待员顺序上菜。宴会有国宴、正式宴会、便宴、家宴之分。按举行的时间，又有早宴（早餐）、午宴、晚宴之分．其隆重程度、出席规格以及菜肴的品种与质量等均有区别．一般来说，晚上举行的宴会较白天举行的更为隆重。

1. 宴会

主要的宴会类型有以下几种。

1）国宴（state banquet）

国宴是国家元首或政府首脑为国家的庆典，或外国元首、政府首脑来访而举行的正式宴会，规格很高。宴会厅内悬挂国旗，安排乐队演奏国歌及席间乐。席间致辞或祝酒。

2）正式宴会（banquet, dinner）

除不挂国旗、不奏国歌以及出席规格不同外，其余安排大体与国宴相同。有时亦安排乐队奏席间乐。宾主均按身份排位就座。许多国家正式宴会十分讲究排场，在请柬上注明对客人服饰的要求。外国人对宴会服饰比较讲究，往往从服饰规定上体现宴会的隆重程度。此外，对餐具、酒水、菜肴道数、陈设以及服务员的装束、仪态都要求很严格。通常菜肴包括汤和几道热菜（中餐一般用四道，西餐用二至三道），另有冷盘、甜点和水果。外国宴会餐前上开胃酒。常用的开胃酒有雪梨酒、白葡萄酒、马丁尼酒、金酒加汽水（冰块）、苏格兰威士忌加冰水（苏打水），另上啤酒、水果汁、番茄汁、矿泉水等。席间佐餐用酒，一般多用红、白葡萄酒，很少用烈性酒，尤其是白酒。餐后在休息室上一小杯烈性酒，通常为白兰地。我国在这方面做法较简单，餐前如有条件，在休息室稍事叙谈时通常上茶和汽水、啤酒等饮料；如无休息室，也可直接入席。席间一般用两种酒，即一种甜酒和一种烈性酒。餐后不再回休息室座谈，亦不再上餐后酒。

3) 便宴

便宴即非正式宴会，常见的有午宴（lunch）、晚宴（supper），有时亦有早上举行的早宴（breakfast）。这类宴会形式简便，可以不排席位，不作正式讲话，菜肴道数亦可酌减。西方人的午宴有时不上汤和烈性酒。便宴较随便、亲切，宜用于日常友好交往。

4) 家宴

家宴即在家中设便宴招待客人。西方人喜欢采用这种形式，以示亲切友好。家宴往往由主妇亲自下厨烹调，家人共同招待。

2. 招待会

招待会分为冷餐会、自助餐和酒会 3 种。

1) 冷餐会

冷餐会的特点是不排座位，菜肴以冷食为主，也可冷热兼备，连同餐具一起陈设在菜桌上，供客人自取。客人可多次取食，站立进餐，自由活动，彼此交谈。当然，对年老、体弱者要准备座椅，可由服务人员接待。这种形式既节省费用，又亲切随和，得到越来越广泛的运用。我国举行大型冷餐招待会，往往用大圆桌，设座椅，主桌安排座次，其余各席并不固定座位。食品与饮料均事先放置在桌上，招待会开始后，自行进餐。

2) 自助餐

自助餐与冷餐会大致是相同的，但是现代自助餐比较丰富，有时候有比较多的热菜，甚至有厨师当场为客人煎炒。

3) 酒会

酒会，也称鸡尾酒会，更显得活泼、随意。招待品以酒水为主，略备小吃，不设座位，仅置小桌或茶几，以便客人随意走动，自由交谈。酒会举行的时间也较灵活，中午、下午、晚上均可。请柬上一般均注明酒会起止时间，客人可在此间任何时候入席，退席来去自由，不受约束。鸡尾酒会，可备置多种酒品、果料，但不用或少用烈性酒。饮料和食品由服务员托盘端送，也有部分放置桌上。近年来，国际上举办大型活动广泛采用酒会形式招待。自 1980 年起，我国国庆招待会也改用酒会形式。

3. 茶会

茶会一般在西方人早、午茶时间，即上午 10 时、下午 4 时左右，以请客人品茶为主。茶会通常设在客厅，设茶几座椅，不排席位，入座时有意识地将主宾和主人安排坐在一起，其他人随意就座。茶会通常体现茶文化，如茶道，故对茶叶、茶具及递茶均有所规定。茶会亦可略备点心小吃。亦有不用茶而用咖啡者，其组织安排与茶会相同。

4. 工作餐

按用餐时间分工早餐、工作午餐和工作晚餐，是现代国际交往中又一非正式宴请的形式。利用进餐时间，边吃边探讨问题。我国也开始广泛使用这种形式，用餐多以快餐分食的形式，既方便快捷，又干净卫生。此类活动多与工作有关，故一般不请配偶。双边工作进餐往往以长桌安排席位，其座位与会谈桌位排列相仿，便于主宾双方交谈、磋商。

（二）宴会的准备礼仪

1. 确定宴会的宴请形式、规模、规格

其依据是宴请的性质、目的及经费筹措等因素，即要把需要和可能结合起来。这里要特别注意的是邀请范围，也就是说活动要邀请哪些人，邀请的人之中如果有特殊的主宾，那么其他的陪客千万不要与主宾有什么矛盾。另外，宴会不在于人数的多寡，只要能达到宴请的目的就可以了。

2. 确定宴会的时间、地点，并准备好请柬

宴请的时间安排应对主、宾双方都较为合适，若难以兼顾，理所当然应从客人的方便着想，最好先征求一下主宾的意见，看看何时何地对他们最合适，然后再发出邀请。如果安排的时间、地点不合适，会影响宴请的效果。

在时间的选择上还不宜安排在对方的重大节日、重要活动之际，或有禁忌的日子和时间。例如，基督教徒忌讳 13，特别是天主教徒，因为耶稣最后的晚餐是和 13 个门徒一起共进的，13 个门徒里有一个是犹大，为了 30 个金币出卖了耶稣，以至耶稣在星期五被钉在十字架上处死，所以基督教徒特别忌讳 13，认为 13 是个凶数，而 13 又逢星期五更是不吉利，每逢 13 号和星期五在同一天，他们既不出门，也不宴请。因此，在与基督教徒打交道时要注意避开 13 这一个数字，例如宴会上不排 13 号桌面，桌子上不排 13 个人的位子，车队也不排 13，等等。

如果是官方隆重的宴请活动，宴请的地点一般安排在政府议会大厦或客人下榻酒店内举行。企事业单位的宴请，有条件的可在本单位的"专家楼"或附近酒店内进行。

3. 确定邀请的对象、范围，并及时发出请柬

邀请有两种形式：一种是口头的，另一种是书面的。口头邀请就是当面或者通过电话把这个活动的目的、名义，以及邀请的范围、时间、地点等等告诉对方，然后等待对方答复；等对方同意后，就按照约好的时间、地点进行活动安排。书面邀请又有两种形式：一种是比较普遍的发请帖；另一种更简单，但是用得少一些，就是写个便函去邀请。

邀请的对象必须是与本组织或与本次宴会有直接利益关系的代表人物，既不要遗漏，也不能随便乱请。参加宴会者的身份应该相当，否则会使宾客感到有点"滥竽充数"。邀请对象一旦确定，就必须马上发请柬，以免误时误事。通常应提前一周左右将请柬发出，以便于客人及早安排和回复。

4. 订菜

订菜应尽量适合宾客的口味，尽量考虑宾客的年龄、性别、风俗习惯、健康状况等，尤其要注意各民族不同的饮食习惯。菜单一经确定，即可印制。菜单可一桌一份或两份，也可每人一份做纪念。

5. 安排好桌次和席位

正式宴会和比较讲究的一般宴会都需安排好桌次和席位。按照国际上习惯，桌次高低以离主桌位置远近而定，一般是右高左低，桌数多时安排桌次牌。

正式宴会一般都事先安排好座次和席位，并且要在入席前通知每一位出席者。在安排席位时应注意以下几点。

（1）以主人为中心。若有女主人出席，则以主人和女主人为中心，以靠主人位置远近来体现主次。

（2）以右为上。即主人的右手位置是最主要位置。

（3）把主宾和主宾夫人安排在显要位置。按国际惯例，主宾常安排在女主人右边，女主宾安排在男主人右边。

（4）夫妇一般不相邻而坐。西方国家习惯上把女主人安排在男主人对面，男女穿插安排。女主人通常面向上菜的门，是宴会的中心位置。我国和其他一些国家一般都以男主人为中心，将主宾夫妇分别安排在男主人的右边和左边，女主人则安排在女主宾的左边。

（5）在涉外交往中，译员一般安排在主宾的右边，以便于翻译。

（6）主宾双方人员应穿插安排，并注意礼宾次序。若遇到特殊情况，如某人本该出席因故未出席，而座次已事先排好，则应灵活调整。

（三）宴会服务礼仪

宴会的形式有多种，具体要求规格和服务程序不同，就服务礼仪规范而言，大体是一致的。

1. 迎宾要热情

在客人到达时，应热情迎接，主动招呼、问好。大型鸡尾酒会入口处，是主办单位列队欢迎客人的地方，在主办代表后，服务员一般列队迎宾，引宾入场或帮助接外衣、拉椅、让座。如果人手不够，可只为主宾拉椅、开菜、取布、取筷子套，让客人选酒水。

2. 致辞、祝酒时要安静

正式宴会一般均有致辞。但安排的时间不尽一致。有的一入席，双方即讲话致辞；也可在热菜之后、甜食之前，由主人致辞，接着由客人致答词；冷餐会和酒会上的讲话时间则更显灵活。致辞时，服务人员要停止一切活动，不要随意走动，应站立旁边，不要鼓掌，保持场面安静，保持宴会气氛。参加宴会的人员均暂停饮食，专心聆听，以示尊重。

致辞毕则祝酒，故在致辞行将结束时，服务人员迅速把酒斟满，供主人和主宾等祝酒用。客人到达其他桌上敬酒时，服务员应随后跟上。注意巡视斟酒，尤其是宾主之间互相讲话敬酒时，服务员应手持酒瓶站在客人身后准备斟酒。

3. 不要聚在一起

宴会中服务员不要聚在一起，不要碰撞，要使用敬语。工作时不吃东西、不抽烟、不饮酒、工作前不吃葱蒜。在一旁侍立时，姿势要端正，不要歪身倚在墙上或服务台上，更不要互相聊天、谈笑。多人侍立，应排列成行。

4. 侍应顺序要正确

根据国际惯例，侍应顺序应从男主人右侧的女宾或男宾开始，接着是男主人，由此自右向左按顺时针方向进行。如果宴会规格高，须由两人担任侍应，则其中一个按上述顺序开始，至女主人或第二主人右侧的宾客为止，另一侍应服务人员从女主人或第二主人开始，依次向右至第一侍者开始的右侧邻座为止。

上菜、派菜、分汤均按上述顺序进行。食品始终应从每个人的左侧端上，空盘等则通常从其右侧撤下。新上的菜应放在主宾面前，余菜则作相应的移动。

5. 斟酒在右

中餐宴会一般使用两种酒：一种是度数较高的烈性酒；另一种是度数较低的甜酒，通常是葡萄酒。饮料一般是啤酒、果汁、矿泉水。预订酒席用酒应征求主办人的意见，一般来说，宴会宜多准备几种酒，以备临时变化和特殊需要。

斟酒在右，与上菜不同，上菜在左。西餐酒席宴会的斟酒顺序，如果是国家元首应先斟男主宾，后斟女主宾；一般客人则是先女主宾后男主宾，再主人。其他客人按座位依次斟酒。

日本自古以来喜欢饮酒，喝得酩酊大醉也不以为耻。成年人不仅常在宴会上饮酒，在一天工作后，往往也要走进酒馆喝上两杯再回家。按照日本人的风俗，饮酒是重要的礼仪，服务员应随时注意将主人或客人的酒杯斟满。

来自印度等佛教国家的外宾，一般不喝酒，要尊重他们的宗教习惯。

6. 东西落地应拾起

如果客人的筷子或者餐巾掉在地上，应帮忙拾起。餐巾可直接为客人放好，而筷子则应换上干净的。

7. 热情解答客人问题

热情解答客人问题，态度和蔼并解释清楚，对不易回答的问题应急中生智，应付过去，然后找机会请示经理。

8. 客人打翻酒杯时

若客人不小心将酒杯打翻，则应立即用毛巾将酒吸干，在打翻处垫一块干净的餐巾，并将杯子重新斟满酒。若溅在客人身上，要协助递送毛巾或餐巾，帮助擦干。如对方是女性，男侍应不要动手帮助擦拭，表示歉意即可。

9. 不许耻笑客人

耻笑客人出现的差错是绝对不允许的，尤其是在人多的大场合中，当众耻笑或揭客人的短都是酒店中最忌讳的大错误。

10. 选择插花

为餐桌选择插花时，要考虑香味和外形，香气太浓会影响食物的香味，因此不宜使用。在桌上不能放盆栽植物，因为万一溅落土粒或污泥，就会有伤大雅。

知识拓展

西餐宴会注意事项

东方与西方进餐的习惯多有不同，特别是正式的西餐宴会，规矩颇多。如果对此一无所知，难免贻笑大方。

参加西餐宴会时应该注意下列事项。

（1）应等全体客人面前都上了菜，女主人示意后才开始用餐。在女主人拿起她的勺子或叉子以前，客人不得食用任何一道菜。这是美国人的习惯，同欧洲有些国家不同。

（2）餐巾应铺在膝上。如果餐巾较大，应双叠放在腿上；如果较小，可以全部打开。餐巾虽然也可以围在颈上或系在胸前，但显得不大方，所以最好不这样做。可用餐巾的一角擦去嘴上或手指上的油渍，但绝不可用餐巾擦拭餐具。

（3）进餐时身体要坐正，不可过于向前倾斜，也不要把两臂横放在桌上，以免碰撞旁边的客人。

（4）使用刀叉时，应右手用刀，左手用叉。只用叉时，可用右手拿。使用刀时，不要将刀刃向外，更不要用刀送食物入口。切肉应避免刀切在瓷盘上发出响声。吃面条时，可以用叉卷起来吃，不要挑。中途放下刀叉时，应将刀叉呈"八"字形分别放在盘子上。如果把刀叉放在一起，表示用餐完毕。

（5）取面包应该用手去拿，然后放在旁边的小碟中或大盘的边沿上，绝不要用叉子去叉面包。取黄油应用黄油刀，而不要用个人的刀子。黄油取出要放在旁边的小碟里，不要直接往面包上抹。不要用刀切面包，也不要把整片面包涂上黄油，而应该一次扯下一小块，吃一块涂一块。

（6）吃色拉时只能用叉子。应用右手拿叉，叉尖朝上。如果上色拉的同时也上了面包或饼干，可以用左手拿一小块面包或饼干，帮着把色拉推上叉子。

（7）吃鱼时可以用左手拿着面包，右手拿着刀子，把刺拨开。已经入口的肉骨或鱼刺，不要直接吐入盘中，而要用叉接住后轻轻放入盘中，或者尽可能不引人注意地用手取出，放在盘子的边沿上，不能扔在桌上或地下。水果核也应先吐在手心里，再放入盘中。

（8）要喝水时，应把口中的食物先咽下去。不要用水冲嘴里的食物。用玻璃杯喝水时，要注意先擦去嘴上的油渍，以免弄脏杯子。

（9）进餐时不要将碗碟揣起来。喝汤可以将盘子倾斜，然后用汤匙取食。喝茶或喝咖啡时不要把汤匙放在杯子里。

（10）吃饭，特别是喝汤时，不要发出响声。咀嚼时应该闭嘴。

（11）不要在餐桌前擤鼻涕或打嗝。如果打喷嚏或咳嗽，应向周围的人道歉。

（12）在饭桌上不要剔牙。如果有东西塞了牙非取出不可，应用餐巾将嘴遮住，最好等没有别人在场时再取出。

（13）进餐时，始终保持沉默是不礼貌的，应该同身旁的人有所交谈。但是在咀嚼食物时不要讲话，即使有人同你讲话，也应咽下口中食物后再回答。谈话时可以不放下刀叉，但不可拿着刀叉在空中摇晃。

（14）在餐桌上，一般的食物都应用刀叉去取。只有芹菜、小萝卜、青果、水果、干点心、干果、糖果、炸土豆片、玉米、田鸡腿和面包等可以用手拿着吃。

（15）当侍者依次为客人上菜时，走到你的左边，才轮到你取菜。如果侍者站在你右边，就不要取，那是轮到你右边的客人取菜。取菜时，最好每样都取一点，这样会令女主人愉快。如果实在不喜欢吃某种菜，也可以说"谢谢你，不要了"。

（16）当女主人要为你添菜时，可以将盘子连同放在上面的刀叉一起传递给她或者交给服务员。如果她不问你，不能主动要求添菜，那样做很不礼貌。

（17）餐桌上有些食品，如面包、黄油、果酱、泡菜、干果、糖果等，应待女主人提议方可取食。大家轮流取食品时，男客人应请身旁的女客人先取，或者问她是否愿意让你代取一些。进餐时，不能越过他人面前取食物。如需要某种东西，应在他人背后传递。

（18）用餐毕，客人应等女主人从座位上站起后，再一起随着离席。在进餐中或宴会结束前离席都不礼貌。起立后，男宾应帮助女宾把椅子归回原处。餐巾放在桌上，不要照原来的样子折好，除非主人请你留下吃下顿饭。

▶ ## 实训考核

组别：_____ 姓名：_____ 时间：_____ 成绩：_____

	小组互评（50%）	教师评分（50%）	总分（100）
听课认真程度			
宴会准备礼仪熟练程度			
宴会服务礼仪熟练程度			
参与实训认真程度			

情景五

康乐部员工服务礼仪

任务一 健身类项目服务礼仪

⚡ **导 读**

随着旅游业的发展和人们生活水平的提高，宾客对于酒店的需求不断增加，促使酒店向多功能化发展。酒店提供康乐服务是由宾客的旅游动机和消费需求决定的。康乐活动目前越来越受到人们的喜爱，康乐设施正是顺应这一新趋势而成为高星级酒店标志之一。康乐服务成为现代酒店发展的方向，也是形势发展的需要。康乐服务根据功能的不同主要分为两类，即健身类和休闲类。客人来到康乐部主要是为了得到彻底的放松，因此服务人员应注意各方面的礼貌礼仪，使客人能够得到真正的身心休闲和放松，满意而归。

一、学习目标

【知识目标】

◉ 熟练掌握康乐部主要项目服务礼仪规范以及特殊情况下服务礼仪。

【技能目标】

◉ 能够按照礼仪要求，为客人提供良好的健身服务。

◉ 能够按照礼仪要求，为客人提供良好的游泳服务。

◉ 能够按照礼仪要求，为客人提供良好的保龄球服务。

⚡ **训练任务**

1. 实训目的

通过对康乐服务礼仪基本要求的介绍和操作技能的训练，学生应能熟练地根据礼仪规范对客人进行健身服务，并能根据具体情况随机应变，使客人真正地享受到锻炼和放松。

2. 实训要求

（1）掌握康乐服务的基本礼仪知识和技巧；

（2）具有较丰富的体育锻炼运动常识，懂得健身机理，能根据客人的具体情况帮助制定健身计划；

（3）掌握健身房每台设备的性能和功用，较好地掌握运动和运动指导的技巧、技能；服务时态度和蔼，面带微笑，有主动精神；

（4）顾客锻炼期间，提供巡视服务；

（5）服务时，热情周到；

（6）操作设备时，准确、规范，保证设备正常工作；

（7）对顾客中出现的违反健身房规定的行为应该善意劝阻，对顾客之间发生的纠纷能够有效地加以排解，服务耐心周到。

3. 活动设计

先由教师对康乐服务礼仪知识进行讲解，并通过视频展示使学生直观感受到康乐服务礼仪的良好作用。然后学生可以 4～6 人一组，进行分组模拟练习。练习的场景主要包括为客人提供健身、游泳和保龄球服务，场景的具体内容由学生小组自由讨论决定。小组之间可以交换场景进行操练，让每一小组把几个场景都演练一遍。最后请出表现最为优秀的一组为大家做示范表演，由教师进行点评。课后每位学生应写出实训报告。

⚡ 案例导入

手 表 丢 了

客人在打完保龄球离开后，五分钟左右返回，称其手表不见了。

思考：

服务员遇到这种情况应如何处理？

分析提示：

首先向客人详细了解丢失的物品原来存放的位置，然后与客人一起在馆内寻找，翻找座椅和桌子底下。

一般情况下客人消费完，准备起身走时，服务员应主动提醒客人是否有贵重物品遗留。在客人报失后，应先请客人回忆一下，是否用过后放在别处，然后依客人提供的线索寻找。如有失窃，应马上保护现场，立即报告保卫部、本部主管经理，并将该段时间内来消费的客人等情况提供给有关部门协助调查处理。

二、实训内容

（一）健身房服务礼仪

1. 热情规范，做好接待

健身房服务人员应仪表整洁，精神饱满，充满活力。服务台服务时，若有客人预定或咨询电话打进来，应在铃响3声之内接听，准确记录预定人、预定内容、预定时间。客人到来时，应主动热情欢迎，上前问好，核对票券或会员证，做好记录，并设计运动计划，建立健康档案。

2. 准确、适时地做好服务

健身房服务员按客人要求发放必要用品，引导客人到他们所需要的活动项目器械前，如客人对所提供的设施、设备在使用方法上有不明白的地方，服务员应作适当、简单的讲解。如客人所选的项目已有他人占用，服务员应引导客人做其他相关项目的运动。

3. 细心周到、注意运动安全

对于初次来的客人要礼貌、细心地讲解器械运动性能、效用、使用方法。主动为客人做好机械设备的调试，检查锻炼强度是否合适，并在必要时做示范动作。注意客人健身活动的动态，随时给予正确的指导，确保客人安全运动。严格执行健身房规定，礼貌地劝阻一切违反规定的行为。

4. 保持健身房场地的清洁卫生

及时清理客人用过的毛巾、纸杯等物，并询问客人是否需要饮料。当客人要求用饮料时，应听清客人要求，服务及时准确。对比赛的客人要热情地为他们做好记分、排名次的工作。

5. 热情送客

客人离开时应礼貌地向客人致意和道别，欢迎客人再次光临，并留意客人是否带走随身物品，如果发现客人忘记则及时提醒。

（二）游泳池服务礼仪

（1）端庄站立在服务台旁或服务区里，恭候客人到来。

（2）客人进场后，收发更衣柜钥匙的服务员应主动向客人问候，并请客人用客房钥匙换取更衣柜钥匙。然后引导客人进入更衣室，帮助客人打开更衣室柜门，向客人介绍更衣柜内的浴巾、拖鞋等服务用品，请客人更衣。在客人更衣时不要面对客人，应侧过身去。客人更衣完后，提示客人将钥匙套在手腕上。

（3）客人游泳时，各服务区的救生员应时刻注意观察情况，发现异常情况立即采取救护措施，要确保客人在游泳池内的安全。要注意客人的身体状况，应劝阻饮用过烈性酒的客人不要下水游泳，以免发生危险。对年老体弱者要主动照顾。对于儿童客人，应提醒其家长注意深水区域，以免发生危险。

（4）服务员应经常在池边走动，以便对客人的需要及时做出反应，应主动向池边休息的客人介绍、提供酒水和饮料。客人点用时，问清客人点用的酒水和饮料种类、数量及是否需要冰镇等，为客人端送酒水和饮料时要使用托盘。从客人右侧上酒或饮料，手指只接触杯子下部而不要碰杯口或瓶口。

（5）客人游玩回到更衣室，服务员应帮助客人打开更衣柜门，请客人更衣。客人离开时，提醒客人带齐自己的物品。

（6）有时难免会遇到淋浴时间较长的客人，很可能超过了服务员的下班时间，如遇到这种情况，服务员切记不要催促客人，说话要和气，掌握好礼貌分寸，耐心地等待客人。对于淋浴完的客人，服务员要主动向客人介绍吹风机等理容设备的使用方法。

（7）客人离开时，要尽量送客人到门口，向客人表示谢意，并欢迎客人再次光临。

（三）保龄球馆服务礼仪

1. 服务人员

服务人员应熟悉保龄球运动规则和记分方法；具有较高保龄球运动水平，出球动作规范，能够清楚、明确地向客人讲解保龄运动基本知识和技法；着保龄球室工作服上岗，服装整洁，仪表端正；迎接、问候、操作、告别语言运用规范；熟练掌握保龄球室工作内容、工作程序和操作方法；站立服务和微笑服务坚持良好，维护球场秩序。

2. 球场服务

客人前来玩保龄球，引导客人进入球场，根据客人预订及人数和出租情况安排球道。如遇客满，商请客人排队等候。客人玩球期间，提供巡视服务，操作设备规范，保证自动回球、记分显示和球路显示等工作正常。巡视员精神状态良好，提醒客人遵守球场秩序及时、准确、礼貌，向客人讲解保龄球运动知识清楚、明确。及时纠正违反球场规则、妨碍他人行为，排解客人纠纷。始终保持球场秩序井然，服务耐心周到。

3. 特殊服务

特殊服务是指保龄球室专门陪练员或教练员根据客人需要随时提供陪练服务。陪练期间，运动知识、规则和记分方法等讲解清楚，示范动作规范。掌握客人心理与陪练分寸，能够激发客人兴趣。组织比赛，服务周到。

知识拓展

一、客人溺水时的急救措施

（1）将伤员抬出水面后，应立即清除其口、鼻腔内的水、泥及污物，用纱布（手帕）裹着手指将伤员舌头拉出口外，解开衣扣、领口，以保持呼吸道通畅。然后抱起伤员的腰腹部，使其背朝上、头下垂进行倒水；或者抱起伤员双腿，将其腹部放在急救者肩上，快步奔跑使积水倒出；或者急救者取半跪位，将伤员的腹部放在急救者腿上，使其头部下垂，并用手平压背部进行倒水。

（2）呼吸停止者应立即进行人工呼吸，一般以口对口吹气为最佳。急救者位于伤员一侧，托起伤员下颌，捏住伤员鼻孔，深吸一口气后，往伤员嘴里缓缓吹气，待其胸廓稍有抬起时，放松其鼻孔，并用一手压其胸部以助呼气。反复并有节律地（每分钟吹 16～20 次）进行，直至恢复呼吸为止。

（3）心跳停止者应先进行胸外心脏按压。让伤员仰卧，背部垫一块硬板，头低稍后仰，急救者位于伤员一侧，面对伤员，右手掌平放在其胸骨下段，左手放在右手背上，借急救者身体重量缓缓用力，不能用力太猛，以防骨折，将胸骨压下 4 厘米左右，然后松手腕（手不离开胸骨）使胸骨复原。反复有节律地（每分钟 60～80 次）进行，直到心跳恢复为止。

二、游泳时耳朵进水怎么办?

客人游泳时经常发生的不良状况是耳朵进水。水有一定的张力，进入狭窄的外耳道后形成屏障而把外耳道分成两段，又由于水的重力作用，使水屏障与鼓膜之间产生副压，维持着水屏障两边压力的平衡，使水不易自动流出。有时外耳道内有较大的耵聍阻塞，则水进入耳道后更易包裹于耵聍周围而不易流出。耳内进水后会出现耳内闭闷，听力下降，头昏，十分不舒服，因此人们往往非常迫切地想把水排出来。有人甚至用不干净的夹子、火柴棒、小钥匙等掏耳，这样虽然可侥幸将水屏障掏破，使水流出，但也易损伤外耳道甚至鼓膜，而导致耳部疾病。

耳内进水后应及时将水排出，最常见的方法如下 。

（1）单足跳跃法：患耳向下，单脚跳跃，借用水的重力作用，使水向下从外耳道流出。

（2）活动外耳道法：可连续用手掌压迫耳屏或用手指牵拉耳郭；或反复地做张口动作，活动颞颌关节，均可使外耳道皮肤不断上下左右活动或改变水屏障稳定性和压力的平稳，使水向外从外耳道流出。

（3）外耳道清理法：用干净的细棉签轻轻探入外耳道，一旦接触到水屏障时即可把水吸出。

▶ **实训考核**

组别：_____ 姓名：_____ 时间：_____ 成绩：_____

	小组互评（50%）	教师评分（50%）	总分（100）
听课认真程度			
健身房服务礼仪熟练程度			
游泳池服务礼仪熟练程度			
保龄球馆服务礼仪熟练程度			
参与实训认真程度			

任务二　休闲类项目服务礼仪

⚡ 导　读

　　客人在外出旅游和繁忙工作之余，需要一些休闲活动来放松身心。一个酒店能够提供高质量的休闲场所和服务，是形成酒店吸引力的重要因素之一。一般星级酒店的休闲服务由康乐部提供，主要包括 SPA 芳疗按摩、美容美发、KTV 歌厅、棋牌室等项目的服务。这些服务是酒店服务中不可缺少的重要组成部分，它标志着酒店的等级和规格。作为康乐部休闲类项目的服务员，一定要注意言行举止要符合礼仪，否则客人不但不能得到休闲娱乐，反而会心情不愉快，这样对酒店的整体印象就要大打折扣了。

一、学习目标

【知识目标】

◉ 熟练掌握美容美发和 SPA 芳疗服务礼仪规范，并了解酒店夜总会的服务规范。

【技能目标】

◉ 能够根据礼仪规范，为客人提供良好的 SPA 芳疗按摩服务。

◉ 能够按照礼仪要求，为客人提供良好的美容美发服务。

⚡ 训练任务

1. 实训目的

　　通过对休闲类项目服务礼仪基本要求的介绍和操作技能的训练，学生应能熟练地根据礼仪规范对客人进行休闲服务，并能根据具体情况随机应变，使客人真正地享受到娱乐和放松。

2. 实训要求

　　具有良好的中英文对话能力，待客热情、主动、有礼；掌握一定的与项目有关的专业知识；表情语言轻松自然，尽力营造轻松的娱乐氛围。

3. 活动设计

　　先由教师对休闲类项目服务礼仪知识进行讲解，并通过视频展示使学生直观感受到服务礼仪的良好作用。然后学生可以 4～6 人一组，进行分组模拟练习。练习的场景主要包括为客人提供 SPA 芳疗按摩、美容美发，场景的具体内容由学生小组自由讨论决定。小组之间可以交换场景进行操练，让每一小组把几个场景都演练一遍。最后请出表现最为优秀的一组为大家做示范表演，由教师进行点评。课后每位学生应写出实训报告。

⚡ **案例导入**

耐 心 服 务

上夜班的客房服务员李贝贝，在打扫棋牌室 A 厅时，B 厅的客人提出换厅，但按照酒店的规定，需要办理加收费用手续，客人随即取消换厅的打算。客人可能因为没有换到 A 厅，心情不太好，在之后的服务中，不断提出种种要求。原本上夜班就比较繁忙的李贝贝，面对过一会儿加水、一会儿打开窗户、一会儿关闭窗户、一会儿麻将机坏了（但在检查时，麻将机却很正常），仍然微笑着为他们耐心服务。到最后结束时，客人很抱歉地说，不好意思麻烦你一夜。李贝贝就是这样用超常规的耐心让客人感受到满意。

思考：

李贝贝提供优质服务的原因有哪些？

分析提示：

棋牌室根据规模设施等的不同会产生不同的价格，但客人有可能因为不知道价格或不愿意加收费而提出换厅，未能成功换厅的客人可能会产生一些误解，在这样的情况下，要用真诚耐心的服务去消除客人的误解。

（1）服务员坚持酒店规定，不私自更换厅堂，避免酒店成本增加。

（2）服务员在得知客人由于误解而故意提出种种服务要求时，能够耐心地提供服务，进而化解客人的误解，最终得到了客人的认可。

（3）服务员尽量兼顾酒店规定和客人满意，在不违反酒店规定的前提下，尽量做到使客人满意。

二、实训内容

（一）SPA 芳疗服务礼仪

（1）迎接芳疗师在接到服务的通知后，应尽快做好相关的准备工作，从芳疗顾问或当日执行官处了解顾客信息和注意事项，然后及时来到前厅迎接顾客。

（2）在见到顾客时，芳疗师应面带微笑，并保持 15°鞠躬。若是新顾客，芳疗师应先做自我介绍："××女士/先生，我是×号芳疗师，我叫××（可以是英文名），很高兴为您服务！"。若是老顾客，芳疗师应该热情地打招呼或适度地赞美顾客。

（3）领客人寄存物品时，芳疗服务员应亲自打开柜门，同时提醒顾客贵重物品要随身携带。如果顾客佩戴的饰品（如手表和项链等）对做 SPA 芳疗项目有影响，则建议其脱下，或帮顾客当面装进首饰盒，并提醒其妥善保管。

（4）芳疗服务员确认顾客锁好柜门后，将钥匙圈套入顾客手臂，并说："××女士/先生，您的物品放在×号柜，请保管好您的钥匙。"

（5）客人换拖鞋时，服务员应亲自打开鞋柜取出拖鞋，然后礼仪蹲姿把鞋放在客人的脚侧，在顾客换好鞋后，把客人的鞋放入鞋柜，并告知所在的位置。

（6）芳疗师在服务前，应先向顾客介绍一下项目流程和注意事项，并告诉顾客服务中如果有感觉不舒服的地方可以马上提出。

（7）芳疗服务人员带领顾客到更衣室，交予客人浴巾和美容袍更换，并告知顾客，更衣室里放的是一次性塑料套袋，可以用来装内衣，避免交叉感染。

（8）芳疗服务人员和芳疗师在为客人进行各种服务时，应该告知顾客："我就在您身边，有什么需要招呼我一声就好了。"

（9）顾客更衣完毕后，服务员应主动打开顾客指定的衣柜，取出衣架，协助顾客挂好衣服。

（10）护理完毕后主动协助顾客进行护理后的梳洗和整理，提醒客人携带贵重物品，并适度地赞美顾客护理后的特征。

（11）顾客离开时，芳疗师和芳疗服务人员应将顾客送至门外，表示期待客人再次光临，目送客人到看不见为止，然后返回工作岗位。

（二）美容美发服务礼仪

1. 美容服务礼仪

（1）服务人员要提前15分钟换好工作服，整理仪容仪表。

（2）在营业开始前5分钟完成责任区域的清洁卫生工作。擦拭台面、座椅，对美容器具进行消毒，准备好化妆品、护肤品、毛巾、头巾、罩布等用品，打开蒸汽炉开关，检查各种美容、美体仪器，并接通电源。

（3）主动热情迎接光临美容区的客人。

（4）根据客人要求安排客人美容，向客人推荐适当的服务项目。

（5）请客人入座，并请专业美容师为客人美容。

（6）客人美容完付款后，帮助客人穿衣戴帽，提醒客人拿好自己的物品，并向客人敬语道别，欢迎客人再次光临。

2. 美发服务礼仪

（1）客人来到美发中心，要热情接待，表示欢迎。若客人多时要按先后次序安排客人美发。

（2）客人进入美发室时，如有需要应帮助客人宽衣，并用衣架托好挂在衣柜里，然后给客人穿上理发衣或围上布罩，请客人入座（理发布罩可待客人坐定后再给客人系上）。

（3）无论是理发、洗发，还是电发、美发等，都要事先给客人洗头，然后再进行其他程序。在进行前还应征求客人的意见，然后再按客人的要求进行美发。

（4）给客人洗发一般由理发师的副手操作，先调好水温，再为客人洗发。第一、二次用洗发液洗，第三次用护发素洗。为客人洗发时手势要轻重适度，防止洗发液流到客人的眼、耳、颈里。洗完头发后要尽量用干毛巾将客人的头发擦干，然后请理发师为客人剪发。

（5）为客人剪发时，按客人要求修剪。剪发时神情要专注，动作要轻快、熟练，使客人感到轻松愉快。

（6）美发过程中，客人头发上施上药水电发或其他原因需等候时，要告诉客人等候的时间，并请客人饮一杯咖啡或热茶。

（7）为客人美发时，要按客人头发的疏密、脸型等进行造型。根据客人的要求认真、细致地做出客人理想的发型，落发油、喷香水要适度，做到令客人满意为止。

（8）美发完毕后要告诉客人，并多谢客人的合作。副手要为客人清理剪下的毛发，解下理发衣、围布，帮客人穿上衣服，带客人到收款台付账。客人付完账要表示多谢，客人离开时要送客，欢迎他（她）下次光临。

（9）美发是由理发师、副手、杂工合作来完成的，因此合作要默契。杂工主要负责递毛巾、整理理发用具、准备美发药液剂、清理毛发、搞好卫生等工作。

知识拓展

夜总会服务礼仪

1. 饭店夜总会的服务范围

饭店夜总会是客人进行夜生活的主要娱乐场所。针对有不同需要的客人，一般夜总会都会设置歌舞厅、交谊舞厅、套房式KTV等，并且为了满足客人的娱乐要求，夜总会一般都会设立新颖、有创意的娱乐节目，以活跃气氛及促进消费。在客人欣赏节目期间，夜总会还为客人提供各种酒水、饮料及小食品等。

2. 夜总会服务员的服务礼仪

（1）迎宾员穿着整齐，彬彬有礼，面带微笑迎接客人，热情礼貌地向客人问候，欢迎他们的光临。

（2）接待服务员站立时应双手轻握、交叉在腹前或下垂于身体两侧，不叉腰、不插兜，不依靠他物，要用饱满的精神为客人服务。

（3）服务员要耐心解答客人提出的问题和处理客人的抱怨，不要与客人争吵，与客人对话应语调亲切、音量适中。

（4）领位员应将客人引入适当的座位，服务员面带微笑，上身微笑向前倾，双手为客人递送酒水单、食品单。端送饮料、食品时不要挡住客人的视线和妨碍客人的交流。

（5）在夜总会里，无论为客人送酒还是送食品，都要用托盘，切忌直接用手端给客人，在端送酒水的时候，手指不要接触瓶口或杯口，而只能接触杯子或瓶子的下部。

需要特别注意的是，要从客人的右侧上酒，上完酒和食品后，立即离开客人的桌子，不要侧耳倾听客人讲话。

（6）服务员要加强场内巡视，以便及时发现客人需要。当客人要吸烟时，服务员要马上将打火机送上为客人点烟。烟缸内的烟头一般不要超过三个，服务人员应及时更换，对于客人用过的盘子和空瓶子也应及时撤换。当客人酒水所剩不多时，要及时询问客人是否需要添加。夜总会里客人喝醉是常见的事，为防止客人酒后肆意闹事，服务人员对待醉酒客人应更加小心。当客人暂时离开时，要保留桌面酒水和食品的原摆放形状。对消遣时间较长的客人，千万不要催促或有不耐烦的表示，而应耐心等待，礼貌服务。

（7）服务员除工作需要外，不可交头接耳或在夜总会里对客人评头论足，即使离所谈的客人较远，这种评头论足也是不被允许的。

（8）当客人示意买单时，服务员应先回应一声，然后向收款员索要账单并取出清洁毛巾。向客人送上账单，同时将清洁毛巾送到客人手中。送账单时，服务员应将账单反面朝上放在客人右手侧桌上，小声告诉客人消费金额。客人若用现金付账，现金当面点清，请客人确认。将找回的零钱送还客人时，要向客人致谢。

▶ 实训考核

组别：_____ 姓名：_____ 时间：_____ 成绩：_____

	小组互评（50%）	教师评分（50%）	总分（100）
听课认真程度			
水疗服务礼仪熟练程度			
美容美发服务礼仪熟练程度			
参与实训认真程度			

情景六

会议服务礼仪

任务一　会议准备服务礼仪

⚡ 导　读

随着会展业的发展，越来越多的星级酒店开始关注会议客源市场，并投资设立了各种类型的会议室，更有专门经营会议的度假村和酒店出现。这些酒店为各种类型的会议配置了功能齐全的会议设备和设施，并提供会议布置、摆台、会议期间的服务。

因为会议服务涉及的客人较多，并需多个部门协调配合，一般酒店有销售部或专门的会务部统一承办会议接待。要让会议圆满成功，会前的服务准备工作很重要。一般在会前要做到：一是要了解会议主题；二是要根据会议主题进行会场布置。在会议服务中，主要是掌握会场布置的礼仪要求。

一、学习目标

【知识目标】

◉ 熟练掌握会前准备的会场布置礼仪、摆台礼仪和会议设备使用礼仪规范。

【技能目标】

◉ 能够根据礼仪规范，熟练地进行良好的会场布置。

◉ 能够按照礼仪要求，进行大方得体的会议摆台。

⚡ 训练任务

1. 实训目的

通过对会前准备服务礼仪基本要求的介绍和操作技能的训练，学生应能熟练地根据礼仪规范进行会议准备工作。

2. 实训要求

会场布置的要求为：会标醒目端正；台型规范整齐；设备状态良好。

会议摆台的要求为：台面干净整洁；物品齐全有序；方便客人使用。

3. 活动设计

先由教师对会议准备服务礼仪知识进行讲解，并通过视频展示使学生直观感受到服务礼仪的良好作用。然后学生可以4～6人一组，进行分组模拟练习。练习的场景主要是进行会前准备工作，主要包括会场布置和摆台，场景的具体内容由学生小组自由讨论决定。小组之间可以交换场景进行操练，让每一小组把几个场景都演练一遍。最后请出表现最为优秀的一组为大家做示范表演，由教师进行点评。课后每位学生应写出实训报告。

⚡ 案例导入

麦克风没有声音了

一场高级会议正在某高级酒店举行，各位高职学院的院长顺次发言，发言完毕后教育部部长做会议总结。但鲁部长刚说了2句后就发现麦克风没有声音了。工作人员又用了10分钟才把麦克修好，会议得以继续进行。但是会议主办方决定以后再也不来这个酒店举办会议了。

思考：

酒店会议中心应如何避免这种情况发生？

分析提示：

会议服务除了应提供热情周到的茶点等服务外，设备的维护也是非常重要的。即使请专门的工程师来安装设备，在会议开始前相关服务人员也要重新试一遍设备，以做到万无一失。

二、实训内容

（一）会议会场布置礼仪

1. 会议会场总体要求

厅、地面、窗户等无尘土，无污染，无裂痕，无杂物，干净整齐；厅内无噪音，功能区域划分合理，客人开会互不干扰，厅隔音效果良好，能有效保护会议内容不被泄露；厅灯光设计和采光符合各项会议及商务活动需求，并能起到装饰和调节气氛的作用；厅新风供应量充分，能够保持空气清新，厅内温度、湿度适宜，无静电，无污浊漂浮物，无异味；室内环境布置、家具与办公用品的配置能满足安全、方面、舒适、实用的使用需求，装饰有适当绿色植物、鲜花、饰品等，让客人在视觉上得到充分的放松。

2. 会标使用规范

会标是揭示会议主题的文字式标志，一般以醒目的横幅形式悬挂在会场背景墙上，或者做成幻灯图片投影在幕布上。会标应字迹规范、醒目，内容言简意赅、突出会议主题。横幅宜用红色为底，悬挂位置合理，挂放端正，平整无破损。

3. 台型设计规范

台型设计应与会议主题相协调，桌椅按区域摆放，间距一致，桌布椅套及装饰应干净整洁、色彩搭配协调，有良好的装饰效果。一般会议使用普通桌面。在签字仪式或会谈等正式场合可使用深绿色的台布。桌布四角直线下垂、下垂部分与地面相距 2 厘米为宜，铺好的桌布平整，无破洞。使用长条形桌台时，桌子前沿与桌子边沿垂直相距 1 厘米。

4. 会谈台型布置规范

双边会谈的厅室，一般布置长条桌和扶手椅，宾主相对而坐（多边会谈，一般采用圆桌和方桌）。按出席会谈人数的多少，将长条桌按横"一"字形或竖"一"字形摆放。桌子中线与正门的中轴线对齐。桌子两侧扶手椅对称摆放，主人与主宾座椅居中相对摆放，座椅两侧的空当应比其他座椅要宽一些。会议桌采用横"一"字形摆放的，主人应背对门就座，客人面对门就座。若采用竖"一"字形摆放的，以进门方向为参照，客人座位在右侧，主人座位在左侧。译员座位安排在主持会谈的主人或主宾的右侧，记录员一般安排在右侧，另行布置桌椅就座。为烘托会谈的气氛，可以在会谈桌的纵中轴线上摆放鲜花，摆放要符合规范，高度应小于 35 厘米，以不挡住主宾视线为准。

5. 会见台型布置规范

常见的会见台型为 U 字形。厅室正面挂屏风式挂画为照相背景，根据实际情况，有时宾主各坐一边，有时穿插坐在一起。主宾一般坐在主人的右边，译员安排坐在主人与主宾的后方，其他客人按身份在主宾一方顺序就座。主方陪见人员在主人一方就座，客方陪见人员在主宾一方就座。

6. 签字仪式会场布置规范

会场背景为会标和挂图，在会标前面是双方代表为合影设置的梯架，并在梯架两侧设置常青树。梯架前面是签字桌，签字桌的摆放有以下两种方式。

（1）单独的两张方桌，双方签字人员各坐一桌，签字旗架放在各自的签字桌上。

（2）将两张长桌并排摆放，上铺深绿色台布。签字桌后面摆放两把高背椅，两椅相距 1.5 米。在签字人员正对的签字桌上摆上侍签的两本签字文本，文本距桌沿 3 厘米，文本正下方离桌沿 1 厘米处，横放签字笔，笔尖向左摆放，在主方签字文本左侧和客方签字文本右侧 3 厘米处各摆放一个吸墨器。签字桌正前方摆放主客双方国旗架，签字桌前布置鲜花。

7. 试听设备使用规范

根据会议性质，选择合适的麦克风。有线麦克风的摆放距离适当，布线整齐，无线麦克风摆放端正，电池充足，音效良好。音响设备位置摆放合理，效果符合会议要求，音量控制要得当。投影仪状态良好，布局合理，使用得当。

（二）会议摆台礼仪

1. 便笺摆放规范

便笺要整齐，不破损，数量够用，稍有富余。将便笺摆在正对中心的桌子上，如果桌子宽度在 55 厘米以内，便笺底部距桌沿 1 厘米（大约一指的宽度）；如果桌面直径超过 55 厘米，便笺底部距桌沿 3 厘米（大约两指宽度）。摆放时，便笺间距一致，便笺上有会议举办地台头或店徽的，文字面要朝向客人。便笺中心线纵向要与椅子中心线对齐。

2. 铅笔和圆珠笔摆放规范

将笔摆在便笺右侧 1 厘米处，根据桌子直径大小，笔的尾端距离桌沿 1 厘米或者 3 厘米。如有红、黑两色的笔，红笔摆在里侧，黑笔摆在外侧，摆放要整齐划一，笔尖朝上，笔的标签面向客人。

3. 杯垫摆放规范

杯垫的作用是，摆放杯子时不会发出声响，不影响会议的进行。摆放时将杯垫摆放在便笺右上角 3 厘米处，杯垫左边沿与内侧笔左边沿对齐，杯垫正面朝上，花纹和店徽要摆正。

4. 杯具摆放规范

在摆放杯具前，服务员一定要先洗净双手，用消毒毛巾或消毒纸擦拭干净。检查杯子是否有破损和污迹，将杯子摆放在杯垫中心部位，杯把与桌沿呈 70° 角，方便客人取用，杯子图案应面向客人。

5. 小毛巾摆放规范

按照客人的人数准备相宜数量的小毛巾。小毛巾有图案或有文字的一面朝向客人。根据客人情况，将小毛巾摆放在适当位置处，一般摆放在便笺上方或右侧面。

6. 高脚水杯和矿泉水摆放规范

应会议举办方的要求，可提供饮料服务，在茶杯正上方 1 厘米处摆放高脚水杯，标准会议一般用矿泉水。摆台时，将矿泉水摆放在高脚水杯的左方、小毛巾托的正上方，互相间距 1 厘米。

7. 座位名卡摆放规范

一般会议多用帐篷式或屋顶式名卡，名卡的两个看面都要写上与会者的姓名。如果是涉外会议，还要用中英文双语设计名卡，名卡要字迹清楚，书写规范，确保客人的姓名准确无误，写错客人的姓名是非常不礼貌的。将名卡摆放在便笺中心的正上方。名卡间距相等，摆放端正。

8. 插花摆放规范

鲜花无脱瓣、无虫、无异味，每组鲜花不得少于三枝，花型紧扣主题，成品视觉效果美观，插花高度不得超过 35 厘米，以不挡住客人视线为宜。根据台型确定插花的摆放位置。

（三）会议设备使用礼仪

总体要求：设备齐全，保障安全，清洁干净，摆放有序，专人保管，指导使用。

使用标准：会议设备应满足市场变化的需求和参会者的使用需求，设备状态良好，随时擦拭，定期清洁消毒，保证设备干净明亮、无尘土、无污迹，由专人保管；使用时要轻拿轻放，码放整齐，不可乱扔乱放；使用设备时应有专人指导，指导时态度要和蔼、细致耐心，边讲授边进行操作指导，保证客人能正确使用；由专职人员播放音响设备，播放前要与会议方沟通，掌握播放时间，保证播放效果，播放中要坚守岗位；每日使用前要检查设备，保证设备运作安全，要有严格的使用登记制度。

知识拓展

插花的基础知识

一、插花的基本造型

1. 水平型

设计重心强调横向延伸的水平造型。中央稍微隆起，左右两端则为优雅的曲线设计。其造型最大特点是能从任何角度欣赏，多用于餐桌、茶几、会议桌陈设。

2. 三角形

花材可以插成正三角形、等腰三角形或不等边三角形。外形简洁、安定、给人以均衡、稳定、庄重的感觉、多用于典礼、开业、馈赠花篮等。若在大型文艺会演以及其他隆重场合应用，亦显豪华气派。

3. L 形

将两面垂直组合而成，左右呈不均衡状态，宜陈设在室内转角靠墙处。L 形对于一些穗状花序的构成往往起重要作用，大的花朵用于转角处，小的花自己向前伸延，给人以开阔向上的感觉。

4. 扇形

按基本的三角形插花造型作变化，在中心呈放射形，并构成扇面形状。适宜于陈设在空间较大之处。

5. 倒 T 字形

整个设计呈倒 T 字形，纵线及左右横线的比例为 2 :1，给人以现代感。适合装饰于左右有小空间的环境中。

6. 垂直型

整体形态呈垂直向上的造型，给人以向上伸延的感觉。适合陈设于高而窄的空间。

7. 椭圆形

优雅豪华的造型，采用大量的花材，集团式插法，对结构、对比要求比较低，呈自然的圆润感、以古典的花瓶做容器，宜置于教堂或典礼仪式等空间较大的场合。

8. 倾斜型

外形是不等边三角形。主枝的长短视情况而定，整个构图具有左右不均衡的特点。多用于线状花材，可有效地表达舒展、自然的美感。

此外，还有新月形、S形、圆球形、冠形、自由开型。

二、插花尺寸的确定

花材与花器的比例要协调。一般来说，插花的高度（即第一主枝高）不要超过插花容器高度的 1.5～2 倍，容器高度的计算是瓶口直径加本身高度。在第一主枝高度确定后，第二主枝高为第一主枝高的 2/3，第三主枝高为第二主枝高的 1/2。在具体创作过程中凭经验目测就可以了。第二、第三主枝起着构图上的均衡作用，数量不限定，但大小、比例要协调。自然是指插花花材与花器之间的比例必须恰当，做到错落有致、疏密相间，避免露脚、缩头、蓬乱。规则式插花和抽象式插花最好按黄金分割比例处理，也就是说，瓶高为 3，花材高为 5，总高为 8，比例为 3:5:8。花束也可按这个比例制作。

三、插花色彩的配置

插花的色彩配置，既是对自然的写真，又是对自然的夸张，主色调的选择要适合使用环境。浓重温暖的色调（红、橙、黄）适于喜庆集会、舞场餐厅、会场展厅；明快洁净的中性色调适用于书房、客厅和卧室；而冷色调（浅黄、绿、蓝、紫、白）常用于凭吊悼念场所。

就花材的种类而言，木本求其深重有力，草本求其鲜明可人。自然式花艺以丽不乱性、艳不炫目的色彩为主，纵使无花，亦可用苍松翠柏做主角。而图案式花艺则讲究色彩浓厚、火爆热烈，亦可将反差强烈的颜色集于同一作品之中。

就花材与容器的色彩配合来看，素色的细花瓶与淡雅的菊花有协调感；浓烈且具装饰性的大丽花配以釉色乌亮的粗陶罐，可展示其粗犷的风姿；浅蓝色水盂宜插低矮密集粉红色的雏菊或小菊；晶莹剔透的玻璃细颈瓶宜插非洲菊加饰文竹，并使其枝茎缠绕于瓶身。

就东西方花艺特点而言，西方的花艺，花枝数量多，色彩浓厚且对比强烈；而东方的花艺则花枝少，着重自然姿态美，多采用浅、淡色彩，以优雅见长。

四、插花的类型

1. 根据用途划分

大致可以分为礼仪插花和艺术插花。

礼仪插花是指用于社交礼仪、喜庆婚丧等场合具有特定用途的插花。它可以传达友情、亲情、爱情，可以表达欢迎、敬重、致庆、慰问、哀悼等，形势常常较为固定和简单。

艺术插花是指没有特别地要求具备社交礼仪方面的使用功能，主要用来供艺术欣赏和美化装饰环境的一类插花。

2. 根据艺术风格划分

可以分为东方式插花、西方式插花和现代自由式插花中国式插花。

东方式插花有中国插花和日本插花之分。西方式插花又分为两大流派：形式插花和非形式插花。形式插花（传统插花）有格有局，以花卉之排列和线条为原则，适合于特殊社交场合；非形式插花（自由插花）崇尚自然，不讲形式，配合现代设计，强调色彩，适合于日常家居摆设。

实训考核

组别：_____　姓名：_____　时间：_____　成绩：_____

	小组互评（50%）	教师评分（50%）	总分（100）
听课认真程度			
会议会场布置礼仪熟练程度			
会议摆台礼仪熟练程度			
会议设备使用礼仪掌握程度			
参与实训认真程度			

任务二　会议期间服务礼仪

⚡ 导　读

会议期间的服务礼仪是指在会议进行期间的服务礼仪，主要包括一般会议服务礼仪和特殊会议服务礼仪。

一、学习目标

【知识目标】

● 熟练掌握一般会议服务礼仪的迎客、倒水续水、茶歇等服务礼仪，以及签字仪式、会见、敬茶等仪式的服务礼仪规范。

【技能目标】

◉ 能够根据礼仪规范，熟练地迎接客人、为客人倒水续水、提供茶歇服务等。

◉ 能够按照礼仪要求，为客人提供良好的签字仪式、会见、敬茶等礼仪服务。

⚡ 训练任务

1. 实训目的

通过对一般会议服务礼仪和特殊会议服务礼仪要求的介绍和操作技能的训练，学生应能熟练地根据礼仪规范进行会议服务工作。

2. 实训要求

礼貌待客，及时服务，讲究卫生，符合规范，适时回避，随时观察，有求必应，主动解决。

3. 活动设计

先由教师对会议服务礼仪知识进行讲解，并通过视频展示使学生对会议服务礼仪有感性的认识。然后学生可以 8 ～ 10 人一组，进行分组模拟练习。练习的场景主要是进行一般会议服务、签字仪式、会见、敬茶服务，场景的具体内容由学生小组自由讨论决定，让每一小组把几个场景都演练一遍。最后请出表现最为优秀的一组为大家做示范表演，由教师进行点评。课后每位学生应写出实训报告。

⚡ 案例导入

为什么食品都没人吃？

在一次会议的茶歇服务中，小明发现，摆到餐台的小食品都没人动。

思考：

服务员遇到这种情况应如何处理？

分析提示：

首先要检查餐台和小食品的摆放是否整洁卫生，如果有不太卫生的现象就会影响客人的食欲；其次要检查小食品的保质期及实际味道，如果不小心将过期食品放在餐台上，或者把变味的食品供应给客人将是极大的失礼；最后要询问客人的口味爱好，并根据会议主题及时调换茶歇食品。

二、实训内容

(一) 一般会议服务礼仪

1. 迎接客人、拉椅让座

服务员在客人到达之前，以真诚的微笑、饱满的姿态迎候客人，站姿要规范。当客人进入会议室时，要点头微笑，按标准手势引领客人入座，根据会议桌的台型和会议桌的位置决定是否给客人拉椅让座。拉椅让座动作要规范，拉椅尺度应视客人的身材而定。

2. 倒水、续水服务

为客人倒水、续水前，要洗净双手并消毒擦干，特别是在会议繁忙期间，更应如此。为客人倒水时，应站位合理，端放茶杯动作轻巧。服务员左手拿续水壶，侧身在前，进入两张座椅间，腰略弯曲，用右手小指和无名指夹起杯盖，然后用大拇指、食指、中指拿起杯把，将茶杯端起，转到客人身后续水，盖上杯盖。注意，水不要倒得过快、过满，以免开水溢出杯外，烫着客人或溢到桌面上。倒完水，在客人座位的间隙间，将茶杯放在杯垫上，上茶时杯把一律朝向客人右手一侧。第一次续水一般是在会议开始后 30 分钟左右进行。具体续水次数要视会场实际情况而定，不可太教条，杯中无水是极不礼貌的。续水时如果客人掩杯，表明客人不需要加水，则不必再续水。水续到八分满为宜。服务中，动作要轻盈，不要挡住参会者的视线。

3. 会议期间注意事项

要随时留意厅内动静，客人有要求时要随时回应，及时服务。服务时，一律要穿不带响声的工作鞋，以免影响会议。要尽量减少进出会议厅的次数，更不能长时间待在会场。如果被客人"请"出会场，是一件极不礼貌、又很尴尬的事情。会议时间较长时，应为每位客人上一块热毛巾。

4. 茶歇服务礼仪

茶歇的台型摆放要与会议主题相协调，茶歇台上的食品、饮料摆放整齐合理，符合饮食习惯，并方便客人拿取。茶歇台上各式食品均匀，与茶歇台规模和会议人数相吻合。茶歇台上的酒具、酒杯等数量充足，清洁卫生，无破损。茶点名称要字迹清楚，摆放到位，干净美观，能代表酒店形象。服务员要随时添加茶点，用托盘撤换用过的餐具。

(二) 特殊会议服务礼仪

1. 签字仪式服务礼仪

签字仪式正式开始前，服务员应站姿规范，微笑迎候客人的光临。签字人员到大厅后，服务人员要给签字人员拉椅让座，并照应其他人员按顺序就位。签字仪式开始后，服务员用托盘托香槟酒杯分别站在签字桌两侧约 2 米远的地方等候服务，签字完毕后，托香槟酒的服务员立即将香槟酒送到签字人员面前，然后从桌后向两边依次分让，客人干杯后服务员应立即上前用托盘接收酒杯。

有时，签字仪式同时有几个签字人员分别在几个协议上签字，如果事先不掌握这些情况，当第一个人签字完毕时，服务员就上前撤椅子、让酒，那就失礼了。服务动作要轻稳、迅速、及时、利索。撤椅如果不及时，会影响交换文本和握手；香槟酒如果上的慢，宾主握手后，会因等酒杯而造成冷场，破坏气氛。

2. 会见服务礼仪

在会见开始前，服务人员要以亲切的微笑、饱满的姿态站立迎候客人，站姿要符合规范。会见用具包括茶杯、便笺、圆珠笔或铅笔，要在会见开始前半小时摆放在茶几或会见用长条桌上。参加会见的主人一般在会见开始前半小时到达会场，这时服务员要用茶杯为其上茶。当客人到达时，主人会到门口迎接并合影，利用这段时间间隙，服务员应迅速将用过的茶杯撤下，按照礼仪规范给客人进行上茶续水、上小毛巾等服务。

3. 敬茶服务礼仪

重要会议常使用贵宾接待室，酒店应提供敬茶服务。一般会议，茶杯是事先摆放好的，会议期间提供倒水服务即可。在特殊会议场合（如会见会谈时）则要按敬茶服务礼仪上茶，敬茶前要先放好茶垫，敬茶时应使用托盘，按照礼仪次序依次服务。由于茶几较低，服务员在距茶几 30 厘米左右的地方应单腿弯曲采用蹲式服务。蹲姿应优雅大方，保持视线与客人平齐，腰略弯，将茶杯放在靠近客人一边的茶几上，要将茶杯连同茶托一同放在茶几上，杯把向右，并微笑着示意客人用茶，以不影响客人交谈为原则。放茶杯时，杯底的前沿先放在杯垫上，再轻轻放稳，这样可以避免发出声响。如果用小杯上茶，要事先过滤茶汤，以免将茶叶或杂质倒在杯中。宾主同在的，要先给客人上茶。如客人较多，先给主宾上茶。敬完茶后要先后退一两步，再转身离开。

知 识 拓 展

会展服务礼仪接待

会展活动的礼仪接待是会展活动中一道亮丽的风景线，它已经融入活动的整个过程中，盛况空前的开幕式、气势宏大的闭幕式、隆重热烈的颁奖仪式等活动都离不开会展礼仪的参与。礼仪接待服务不仅能为会展活动顺利进行提供有益的引导。而且青春亮丽的礼仪小姐和活力四射的礼仪先生也给整个会展活动带来勃勃生机。礼仪接待服务在很多场合中都需要，如会议室、贵宾室、会展场馆、开幕式或闭幕式、新闻发布会、颁奖仪式现场等，礼仪接待的工作人员主要是从事贵宾接待、路线指引、资料派发、产品宣传，以及接待或会议过程中的翻译服务。在会展活动中做好礼仪接待服务工作并不容易，对于礼仪接待服务的要求如下。

（1）安排有序。每个工作人员在活动过程中承担什么角色，要做什么样的工作都应事前确定，不能出现手忙脚乱、不知所措的现象。

（2）行为规范。所有参加礼仪接待服务的工作人员应按标准的商业行为规范来引导和服务客人，统一的服饰、统一的礼貌用语、统一的行走站立姿势、统一的商业礼仪训练，会使客人感受到所有的人员都训练有素，是一支专业的服务队伍。

（3）态度真诚。可人的微笑，亲切的问候，细声的叮咛，耐心的解说……这些都是礼仪接待人员良好素质的表现，也是人们对礼仪接待服务的基本要求。同时，礼仪接待人员应具备一定的应变能力和解说能力，能灵活应对客人提出的各种问题。

（4）富有个性。根据会展活动的形式和内容，礼仪接待服务的形式也可以设计得富有个性和特色，通过礼仪接待服务来凸现会展活动的特色和主题。

在进行礼仪接待服务管理时，首先要对会展活动全过程中的礼仪接待进行策划。虽然礼仪接待服务的基本要求没有什么差别，但不同类型的活动，其礼仪接待的表现形式有很大不同。如举办国际性的学术会议，其礼仪接待工作人员主要安排在会议室的出入口引导参会者签到和分发资料；在会议过程中，礼仪接待人员需要引导嘉宾上台发言，或者为听众传递话筒，必要时还负责给客人斟茶倒水；会议结束后，礼仪接待人员需要引导嘉宾和听众有序地离开会场，或在会议室门口目送客人离开会场。由于是国际性的学术会议，会议过程较为严肃和正式。礼仪接待人员应选择较为典雅和娴静的礼仪小姐，并且能进行简单的英语沟通。在着装上，要求礼仪接待人员着装正式、高雅、富有中国特色。中国传统的长旗袍是一个不错的选择。从这些事例中可以发现，要做好一个礼仪接待服务，事前的策划是十分必要的。那么应该如何进行礼仪接待服务的策划呢？要做好礼仪接待服务需要确定以下几个问题。

（1）会展活动的内容和主题是什么？有什么特色？

不同性质的会展活动在表现形式上是不同的，因此接待服务的表现形式也就有所差异。如会议活动和展览活动。展览活动和大型节庆活动的礼仪接待服务的表现形式不同，有些活动需要热闹，有些则需要安静。同样是展览活动，不同的主题和内容，其礼仪接待服务的要求也不同。例如汽车展的礼仪接待服务可以比较活泼欢快，具有现代感；化妆品展的礼仪接待服务则可以时尚前卫。

（2）整个会展活动的程序安排如何？有哪些地方需要安排礼仪接待人员？需要多少？

了解会展活动的程序安排是进行礼仪接待人员配备的重要信息输入。如果会展活动的开幕式有重要嘉宾参加，且伴随有不同规模和场次的会议或讲座，那么会展活动参与人员的数量较多，就需要场馆管理者确定在什么时候、在哪些地方、安排多少名礼仪服务人员，以及他们的主要工作任务是什么，在完成开幕式后他们还须安排到哪里去服务。在安排礼仪接待服务时，要注意考虑如何提高服务效率，减少服务费用。

（3）对礼仪接待人员的素质和个性要求如何？

在策划礼仪接待服务时要考虑服务的客人的类型和特点。如果有较多国外嘉宾参加会展活动，则安排的礼仪接待人员应有良好的文化修养和外语水平。如果是专业性较强的学术会议，还可以考虑安排该专业的大学生负责礼仪接待工作，既便于与会议代表沟通，又能使该专业的学生获得学习的机会。如果会展活动正式庄重，则需要安排庄重典雅的礼仪接待人员。如果会展活动活泼热烈，则可选择性格活泼、开朗大方的礼仪接待人员。

（4）活动过程中需要用到哪些礼仪用品？

礼仪接待服务过程中不能忘记准备会展活动中所需的礼仪用品，如剪彩活动中所需的金色剪刀、绸布球、托盘、礼花等；签字活动中所需的文件及文件簿、签字笔、葡萄酒等；舞狮表演时所需的点睛毛笔和墨水；颁奖仪式中所需的奖状、奖杯、奖牌、证书、锦旗、奖金信封、鲜花、吉祥物等；捐赠仪式中所需的支票模型、捐献证书、鲜花等。这些礼仪用品什么时候使用，使用的顺序如何，都要事先向礼仪接待人员交代清楚，以防出错。

（5）礼仪接待人员应穿何种类型的服装以配合活动的展开？

在人们的脑海中，礼仪接待人员就是身材高挑、穿着红色长旗袍的礼仪小姐和迎宾小姐。其实，礼仪接待人员的着装形式可以是多样的，通过着装应反映出会展活动的特色。如汽车嘉年华的礼仪小姐可以穿着具有现代感和运动感的运动装；啤酒节的礼仪小姐可以穿着时髦、前卫、性感的超短裙，以彰显个性；商务谈判会议的礼仪小姐可以穿着较为传统的职业套装，以显示庄重和谨慎。在服装的色泽上. 也要考虑活动的主题色调，尽可能与现场的色调相协调。

在精心做好策划工作之后，就要开始对礼仪接待人员进行培训和模拟演练。培训的内容包括基本商业礼仪，会展活动的信息（包括活动主题、各专题活动、流程及时间表、场地布置、有关注意事项等），各自的岗位分工和工作内容，突发事件的应变技巧，以及行为规范和标准训练等。如果会展活动的规模和档次较高，还要到现场进行模拟演练，做好活动之间的衔接。

总之，如果会展活动的礼仪接待服务做得好，能凸显活动的档次和形象，为参加会展活动的客人留下美好的回忆。

颁 奖 仪 式

颁奖仪式是为了表彰、奖励某些组织和个人所取得的成绩、成就而举行的仪式，其礼仪主要有会场布置、座位安排和颁奖程序。其中，颁奖程序的环节最为重要。

大会开始前播放音乐、奏乐或敲锣打鼓欢迎颁奖人员和来宾入座。组织负责人主持会议，宣布大会开始。有关领导讲话，介绍重要来宾，宣读颁奖决定和人员名单。举行颁奖时，由重要来宾、上级领导或本组织的负责人担任颁奖人。受奖人在工作人员的引导下，按顺序依次上台领取证书、奖杯，此时可奏乐或敲锣打鼓。如果是来访的外国领导人或知名人士颁奖，最好有乐队伴奏，悬挂两国国旗。

颁奖时颁奖人面向公众，受奖人站在颁奖人对面接收奖品、荣誉证书、奖杯等，双方互相握手示意祝贺感谢。然后受奖人面向公众示意，或鞠躬，或挥手，或举起奖杯、奖状、证书等。接着，请来宾致辞，由颁奖者和受奖者先后致辞。最后，大会宣布结束，音乐、锣鼓再次奏响，欢送受奖人员和全体来宾。颁奖仪式结束后，组织者可安排一些文艺演出或播放影片助兴。

▶ 实训考核

组别: _____　姓名: _____　时间: _____　成绩: _____

	小组互评（50%）	教师评分（50%）	总分（100）
听课认真程度			
一般会议服务礼仪熟练程度			
特殊会议服务礼仪熟练程度			
参与实训认真程度			

情景七

商品部服务礼仪

⚡ 导 读

为了满足客人的购物需求，酒店里的商场往往是客人的购物中心。酒店商品部门较大，单独进行经济核算，与酒店的其他部门并列。有的酒店商品部每年获得的利润达到整个酒店利润的三分之一。因此，搞好商品部门的经营管理，提高服务质量，是提高酒店经济收入的一个重要项目。

俗话说："一样货，百样卖。"为什么？原因就在于柜台外面站着各种各样的客人，要做到最佳服务，就必须适应不同客人的特点，注意商品服务礼仪规范。

一、学习目标

【知识目标】

◉ 认识酒店商品服务礼仪的重要性，了解商品服务准备礼仪和商品服务礼仪的基本常识。

【技能目标】

◉ 能运用所学的酒店商品服务礼仪知识熟练地为客人提供购物等其他商品服务。

⚡ 训练任务

1. 实训目的

通过对酒店商品服务礼仪基本要求的介绍和操作技能的训练，学生应能初步地根据礼仪规范进行酒店购物等其他商品服务。

2. 实训要求

文明实训，遵守实训室规则要求，爱护实训室财务；实训中要态度认真，积极参与，争取达到最好实训效果。

3. 活动设计

先由教师对酒店商品服务知识进行讲解，并通过视频展示使学生直观地感受到服务礼仪的良好作用。然后学生可以4～6人一组，进行分组模拟练习。练习的场景主要是进行酒店商品准备和商品服务等，场景的具体内容由学生小组自由讨论决定。小组之间可以交换场景进行操练，让每一小组把几个场景都演练一遍。最后请出表现最为优秀的一组为大家做示范表演，由教师进行点评。课后每位学生应写出实训报告。

⚡ 案例导入

一个红酒袋子

2012年6月16日，有一位顾客要购买红酒，某酒店商品部"沙城"红酒的促销员就向他介绍"沙城"红酒。在介绍过程中，促销员只知道说："我们的酒非常好，价格又便宜"，但到底怎么好，她说不清楚。当时有另外一位同事在场，他帮着说："'沙城'红酒历史悠久，包装华丽，家宴或送礼都显得特别有档次。"这样，在这位同事的极力配合下，卖给了顾客两瓶红酒。其实，这顾客买酒正是用来送礼的，所以要求促销员送一个袋子，但促销员在顾客多次要求和同事的劝说下才给了顾客一个袋子，原因是即使是商场专柜，对于顾客购买的这款酒也是没有专用袋子的。本来这位顾客还要连带买其他物品，但由于一个袋子闹得不太愉快，便无心购买别的商品而悻悻地走了。

思考：

如何让客人更满意？

分析提示：

（1）每一位促销员都应努力提高自己的商品知识水平，否则言之无物，根本不知道如何向顾客推介商品，这是对顾客最大的失礼。

（2）对于零售业来说，顾客是最重要的，应在自己的能力范围内尽量满足顾客的要求。此案例中，促销员最终还是将袋子给了顾客，但顾客的心理感受是绝对不一样的。本来顾客是打算连带消费的，但因为一个袋子，让顾客打消了再消费的念头。"想顾客之所想，急顾客之所急"，什么时候我们的服务能达到这样的境界，销售也会随之攀升。

二、实训内容

（一）创造良好的购物环境

1. 保持清洁整齐

每天营业之前，要做好卫生工作，把柜台和货架擦洗一清，给人以窗明几净的印象。如果是经营易污商品，在营业过程中还应随时擦拭，不要弄脏客人的衣物。柜台上油迹斑斑，货架上积灰盈寸，在这样的环境中接待客人，显然是对客人的不恭，因而也是失礼的。

2. 经营入口食品要严格遵守食品卫生规定

要严格遵循食品卫生条例中的规定。散装食品要装在清洁的容器中，不能露天放置。售货员要穿制服，使用食品夹，不能为了贪图方便，而随便用手抓取食品。售货员还要特别注意个人卫生，不要留长头发，蓄长指甲，在营业时不要搔头皮、挖鼻孔等。

3. 要精心陈列商品

既要突出商务中心经营意图，做到中心突出，主次分明，各个柜台之间相互呼应，整个店堂形成一个整体，符合审美原则，让人赏心悦目；又要使商品货架的设置合理，不仅售货员在工作时能得心应手，而且还要方便客人观看和选择，商品陈列只有在客人身上产生效果，才能真正达到陈列的目的。

4. 商品明码标价

货牌上应写明产地、规格或型号等，有些新产品还应采用其他宣传手段，让客人详细了解其性能和特色。这些看似微不足道的举措，却可以为客人提供很多方便，体现了礼仪的基本内容——尊重和关心别人，同时也锻炼了售货员的思维能力。

（二）主动迎客

客人来到商店，是对商店和售货员的信任。如果客人已经站在柜台前面，售货员却旁若无人，不理不睬，或者三个一堆、五人一伙，自顾自侃大山、拉家常，置柜台前的客人于不顾，这无疑是极不礼貌的。因此，酒店商务中心的售货员要做到主动迎客。

1. 客人光临时

售货员要微笑迎接，轻轻点头行礼。客人浏览商品，不管是否购买，售货员都要端庄站立，表情自然，目光注视客人，并给予关心。

2. 客人挑选商品时

客人挑选商品时，售货员应站在稍远一点的地方关照客人，使其轻松挑选。当客人招呼的时候再过去回答客人，不要追着客人，催促购买。

3. 招呼客人时

客人一进门，售货员就面临着应不应该向客人打招呼、在什么时候、用什么方式招呼的礼仪问题。打招呼适时适宜，客人感到彬彬有礼，服务周到；打招呼不适时，则有可能把客人赶跑。招呼客人要先判断客人的购买行为，然后选择适当的语言与客人交流。

1）客人的购买行为

客人的购买行为主要有 3 种。

（1）专程而来的客人。这一种客人心中已经有了所要购买商品的目标，知道这里有，特意专程来购买的，或者专程来这里看看有没有自己心中所要购买的商品。

（2）逛商店的客人。例如，许多女性或有些家庭常常是星期天提个购物袋上街逛商店，但要买什么东西，事先并没有明确的打算，他们的心理是有合适的就买、没有合适的就不买。

（3）游览、消磨时光的客人。例如，那些候车或避风躲雨跑进商店的人，根本就没有购物的准备，进商店也抱定不买的心理。

售货员应根据客人的不同类型而作不同的接待，施以不同的礼仪。

有的客人一进店门就直奔某种商品或某个柜台而去，这就是第一种专程来买某种商品的客人。对这类客人，售货员应立即主动上前去打招呼："您好，请问要我帮忙吗？"

有些客人在店内走走停停，有的商品一看而过，有的商品却反复盯着，这就是第二种客人。对这类客人，售货员只需用眼光跟随着他们，不要主动地迎上去打招呼。如果一进门就笑脸相迎，问这问那，反而会使客人感到要立即表态掏钱的威胁，浑身不自在，不恰当的笑脸就会变成"笑脸驱赶"。

有些客人在店内漫无目的，以匀速逛来逛去，或以无目的的目光在货架上、店面和外景之间扫来扫去，这就是第三种客人。对这类客人就不要打扰他们，应让他们自由自在地看。这时若售货员问一句："你要买什么？"在他们听来，就是"你若不买东西，就别在这里挡道"的意思，显得极不得体，不礼貌。

与客人打招呼，既是一门服务艺术，也是一种礼仪。不但要分析客人购买行为的类型，还要掌握服务行为的时机，恰当地施以礼貌的招呼语。

2）语言上的运用

分析客人的购买行为，与客人打招呼，最终还是体现在语言的运用上。比如，我们经常听到售货员说的第一句话有以下 4 种。

"您干什么？"

"您要什么？"

"您要买什么？"

"您要看什么？"

第一种问法极不礼貌，含审问口气，且问得极无道理。客人常常会被问得摸不着头脑，心想："我干什么？我到商店来还能干什么？"性急的客人便忍不住说："您说我干什么？"双方关系一下子就恶化了。

第二种问法也极为不好，"要"在汉语中常含有"乞讨"、"白拿"、"求助"等意味。"您要什么？"在客人听来就很不舒服。

第三种问法对那些专程来购买物品的客人当然没什么，但对第二类和第三类客人却有逼其表态的感觉。客人进商店，始终都想保持买与不买的选择决定权，而不想过早地进入买卖角色，不想在别人催促下掏腰包。而这种问法却是以卖者的身份向买者提出，一下子就把双方置于买卖关系中，使心理关系紧张起来，客人会立即按住钱包，提高戒备心理。

第四种问法最为得体。一是以售货员的口吻提出"您要看什么？"，客人从售货员所提供的服务态度中得到了尊重；二是避开了买卖关系，只是问看什么，并不强迫你购买，决定权还在客人手中，客人就没有什么心理负担。

4. 客人多时

客人多，这是常有的事。特别是酒店接待大批的团队客人时，客人往往是三五成群地来到酒店的购物中心。那么，这时应该怎么做到礼貌待客，符合礼仪规范呢？

1）应注意接待的顺序

先来的客人有选购商品的优先权，理应先接待。

2）要掌握好"时间差"

为了防止出错，售货员在接待客人时，通常都应一个一个地来。但在前一位客人挑选时，也可利用"时间差"来招呼后一位客人，如先了解一下购物的意向，必要时也可先作一点介绍，以便到时能尽快成交。售货员如果"单打一"，一位客人的生意没做完，便置其他客人于不顾，甚至对其他客人的提问一概充耳不闻，这虽然情有可原，但从礼仪的角度来说，还是有所欠缺的。

3）应做好"安抚工作"

客人拥挤在柜台前，情绪往往是焦躁不安的，如果售货员不理不睬，便会激化这种情绪，甚至造成柜台前的争吵和混乱。一个称职的售货员要善于做好"安抚"工作，当接待一位客人时，要同时照应好一批客人，比如可以告诉大家，店里货源充足，不必争先恐后，或让大家先选定商品，做好购物准备，等等。总之，要让客人觉得售货员也在急自己所需，想自己所想，从而使情绪稳定下来。

5. 客人需要帮助时

1）协助挑选

如果客人希望售货员协助挑选，应尽可能予以帮助，并实事求是地介绍商品。介绍商品要细致，服务周到，对客人提出的每一个问题都要耐心解答，即使客人不买也要保持热情。因为这些不买的客人也许正在做市场调查并进行比较，热心的服务、圆满的介绍，可能为客人以后来买打下基础。

2）商品缺货时

若客人问及缺货的商品，不应简单地回答没有，而应推荐其他商品。如果需要，可让客人留下姓名、地址等联系方法，以便送货上门或有货时通知客人，或者推荐其他商店。许多人认为，同行即对手，这种观点没有考虑到客人的利益，如果客人买到自己称心的商品，仍然会很感激为他们提供信息的商店的。

3）客人犹豫不决时

有些客人购物时大刀阔斧，干脆利索，几乎不作什么挑选，也有一些客人反复盘算，反复比较，还是拿不定主意。碰上客人犹豫不决时怎么办？

首先，要报以理解的态度。客人花钱买东西，总想买得称心如意。特别是一些贵重商品，往往是在长期积蓄以后才下决心购买的，因此购买时就会显得格外慎重。售货员应充分理解客人的这种心情，不要因为客人挑选的时间稍长，便在一旁不停地催促，弄得客人手忙脚乱。

其次，要当好客人的参谋。有些客人之所以挑选时间较长，不是因为选的仔细，而是因为缺少经验。售货员应主动给这类客人提供帮助。比如，可详细介绍商品的性能和特点，比较同类商品的不同特色，解答客人心中的疑问，等等，从而促使客人做出决断。

再次，也有些客人犹豫不决是因为对商品的质量还不够满意，不买不行，买了又觉得遗憾，于是，便在柜台前踌躇起来。碰到这类客人，正是商品和厂家调查研究的好机会。售货员可以主动询问客人对商品的意见，如果客人确实言之有理，就应该设法向生产厂家转告客人的意见，促使厂家提高产品质量。

总之，客人犹豫不决，这是柜台前常有的事，而这时，也正是售货员发挥经营才能的好机会。

6. 客人无礼纠缠时

在客人中，有少数人的素质比较差。他们在购物时，常常过分挑剔，有时甚至提出无理的要求，若个人的要求不能满足，还会和售货员胡搅蛮缠。如果遇到这类客人，售货员怎么做才能合乎礼仪规范呢?

1) 态度冷静

越是在这样的客人面前，越要沉得住气。既要坚持优质服务，不因赌气而降低服务质量，又要坚持经营原则，不要为了息事宁人便随意去迁就这种客人。售货员的模范服务行为，其实就是对客人无理要求的最好的批评。

2) 心平气和

即使客人态度激动，售货员仍要说话和气，礼让三分，不能因为客人冲撞自己，便以牙还牙，以眼还眼。假如售货员理直气壮，得理不让人，不仅达不到批评的目的，而且显得自己心胸狭窄，还会激化矛盾。因此，售货员一定要学会以理服人，使客人感到春天般的温暖。

3) 切忌起哄

当售货员和客人发声争执时，同店的商业人员应从旁排解，而不是跟着起哄。即使客人是无理取闹，群起而攻之的做法也是不妥的。因为一来会给人以"胳膊肘往里拐"的误解，二来在客观上显得以势压人，这显然有损于商店、酒店本身的形象。

（三）举止要求

1. 要有站相

站柜台的售货员一般是站立工作的。站立时，身子应自然放松，精神饱满，微露笑意，目光关注店堂，尤其是柜台前的动静，给人一种亲切感。切忌东倒西歪，靠在货架上，或者以手托腮，趴在柜台上，显出萎靡不振的样子。

2. 穿着得体

无论是否穿着统一服装，都要整洁大方，不要敞胸露怀，衣衫不整，邋里邋遢。不能把工作服当毛巾，用袖管衣角擦脸，甚至当抹布擦柜台。

3. 动作轻巧

无论是取货给客人挑选，还是成交后把货物递给客人，都要轻拿轻放。切忌老远就把货往柜台上掷，那样做不仅会使客人受惊，而且是一种很不尊重客人的行为。

4. 收款唱票

收款时应坚持唱票，以免因差错而发生矛盾。找零时，要交到客人手里，不要像天女散花一样随手一撒。

（四）文明问答

客人在购物时，由于对商品不熟悉，难免会向售货员问这问那，这是商业中心的正常现象。答复客人的问题是售货员分内的事，文明问答是酒店商业中心售货员应具备的礼仪素质。

1. 要有热情

在回答客人提问时，一般都应面对客人，声音轻柔，答复要具体。不要自顾干事，连头也不抬；或者含糊其辞地鼻子里哼一声，让客人听不清楚到底说了什么；或者一面回答客人的问题，一面仍忙着和同事聊天，嘴动身不动；或者做出不愿接待客人的暗示。以上这些做法都是很失礼的。

2. 要有礼貌

客人会提出各种各样的问题。有些问题在售货员看来，也许是多余的，但仍应礼貌应对，不要冲撞客人。比如，货牌上明明标出价格，有些粗心的客人还会冲着售货员问："多少钱？"这时，售货员仍应热情解答，或友好地提示客人看看货牌，千万不能说出"你自己没长眼睛吗"之类没礼貌的话来，伤害客人的自尊心。

3. 实事求是

无论是介绍商品的特色、质量，还是为客人提供消费上的指导，充当客人的参谋，都应以诚为本，绝不可夸大其词，弄虚作假。如果售货员利用回答问题的机会推销劣质商品，引诱客人上当，这就不仅是礼仪问题，也是商业道德问题。

4. 语言规范

在日常生活中，人们往往会产生一些禁忌心理，即很忌讳别人的语言和行为触及自己不愿听到的语言和不愿提及的事物。售货员在介绍商品时应回避这些禁忌点。

常见的忌讳包括忌讳自己的生理缺陷和过胖、过瘦、过矮等被认为是不美的生理特点。例如，不应说："像您这样的长长的脸，戴这种眼镜较好。"而应该将那些渲染性的词语删去，如"这种眼镜配您的脸型正好。"

当客人买下商品时，还可适当送上两句评价："先生，您真有眼力！"或"小姐，您真会买东西。"适当的奉承可以进一步满足客人的自尊心理，但绝不能过分夸奖，避开引起对方的不快。

（五）童叟无欺

1. 不以年龄取人

无论是老是少，是中是青，来者都是客，要一视同仁，热情接待。因为老人动作迟缓，说话啰唆，便报人以冷眼，爱答不理，或者因为小孩年幼无知，便连哄带吓，强行成交，这些都是有失礼仪的，甚至是有悖于职业道德的。

2. 不以服饰取人

当今社会，人们的衣着越来越讲究个性。因此，不应该以个人的价值取向任意地评价顾客的服饰搭配。也就是说，当站在柜台上接待客人时，客人的服饰和酒店员工态度之间，是不应该有任何内在联系的。

3. 不以地域取人

我国幅员广阔，随着改革开放的深入，各地之间的来往和交流十分频繁，每个大城市都有成千上万的流动人口，这对搞活经济、开拓市场是具有促进作用的。作为酒店工作者，地无分东南西北，人无分汉藏回蒙，都是自己的服务对象，都应该做到竭诚服务，给客人宾至如归的感觉。如果抱着狭隘的地方主义观念，一听到外乡口音便故意刁难、发泄盲目的"排外情绪"，这不仅不合乎酒店的礼仪规范，而且还将损害全国人民的团结，其后果之严重，是不能不认真考虑对待的。

（六）热情送客

售货员不仅要热情迎客，而且当客人出门时也要热情送客。一句"感谢光临"或"希望您再来"会使客人顿生好感。尤其是没有买东西的客人，更会由此感到售货员待客的诚意。这次他乘兴而来，愉快而归，下次很可能就会再度光顾这家商店。

（七）售后服务

售后服务是指商品到达消费者手里后，还要继续提供的各种服务，如保修期的三包服务（即包修、包换、包退），保修期以外的维修服务，提供零配件供应的服务，以及提供知识性指导及产品咨询的服务等等。

▶ 实训考核

组别：_____ 姓名：_____ 时间：_____ 成绩：_____

	小组互评（50%）	教师评分（50%）	总分（100）
听课认真程度			
迎客服务礼仪熟练程度			
送客服务礼仪熟练程度			
参与实训认真程度			

情景八
国际迎送接待礼仪

⚡ **导　读**

随着国际交往的扩大，高星级旅游涉外酒店及其员工，都有可能配合外事部门承担某些方面的接待任务。国际交往，并非仅仅是抽象的理论，而是以各种交际活动来具体体现的。这些交际活动，通常又必须遵循一定的国际惯例和已被认同的约定俗成，如接待准备、迎送、宴请、文艺晚会、参观游览、签字仪式等。同时，这些交际活动还必须讲究一定的规格和形式。因此，作为一个酒店员工，有必要了解一些国际交往接待礼仪的常识，并掌握一些国际接待必备的技能等。

一、学习目标

【知识目标】

● 认识国际交往接待礼仪在旅游交际礼仪中的重要性，了解国际交往接待礼仪的基本常识。

【技能目标】

● 能初步应用国际交往接待礼仪规范进行国际接待服务。

⚡ **训练任务**

1. 实训目的

通过对国际接待礼仪基本要求的介绍和操作技能的训练，学生应能初步地根据礼仪规范进行国际迎送接待服务。

2. 实训要求

国际接待中必须做到：依法办事，遵时守约，尊重隐私，女士优先，尊重他人，保护环境。

3. 活动设计

先由教师对国际迎送接待礼仪知识进行讲解，并通过视频展示使学生直观感受到服务礼仪的良好作用。然后学生可以4～6人一组，进行分组模拟练习，练习的场景主要是进行会前准备工作，主要包括国际迎送礼仪和会见及签字礼仪，场景的具体内容由学生小组自由讨论决定。小组之间可以交换场景进行操练，让每一小组把几个场景都演练一遍。最后请出表现最为优秀的一组为大家做示范表演，由教师进行点评。课后每位学生应写出实训报告。

⚡ **案例导入**

你是谁？

一次李教授去一家五星级酒店参加一个国际会议，当他走到大堂门口时，站在大堂侧面的公关先生问他，您是谁？听到这样的发问李教授很不高兴。

思考：

公关先生做错了什么？

分析提示：

站在大堂侧面公关先生的职责就是迎接贵宾，因此他应该事先做好准备，通过观看照片的方式来了解贵宾。案例中，作为参加国际会议的贵宾李教授来到酒店后，不但没有受到热情的接待，反而受到质问，当然会引起客人的不满。

二、实训内容

（一）确定迎送规格

对来宾的迎送规格各国做法不尽一致。确定迎送规格，主要依据来访者的身份和访问目的，适当考虑两国关系，同时要注意国际惯例，综合平衡。主要迎送人通常都要同来宾的身份相当，但由于各种原因（例如国家体制不同，当事人年高不便出面，临时身体不适或不在当地等），不可能完全对等。遇到这类情况，可灵活变通，由职位相当的人士或副职出面。总之，主人身份总要与客人相差不大，同客人对口、对等为宜。当事人不能出面时，无论作何种处理，从礼貌出发都应向对方做出解释。其他迎送人员不宜过多。也可从发展两国关系或当前政治需要出发，破格接待，安排较大的迎送场面。然而，为避免造成厚此薄彼的印象，除非有特殊需要，一般都按常规办理。

（二）掌握抵达和离开的时间

必须准确掌握来宾乘坐飞机（火车、船舶）抵离时间，及早通知全体迎送人员和有关单位。如有变化，应及时调整。由于天气变化等意外情况，飞机、火车、船舶都可能不准时，而一般大城市中，机场离市区又较远。因此，既要顺利地接送客人，又不过多耽误迎送人员的时间，就要准确掌握抵离时间。

迎接人员应在飞机（火车、船舶）抵达之前到达机场（车站、码头）。送行人员则应在客人登机之前抵达（离去时如有欢送仪式，则应在仪式开始之前到达）。如客人乘坐班机离开，应提醒其按航空公司规定时间抵达机场办理有关手续（身份高的客人，可由接待人员提前前往代办手续）。

（三）献花

如安排献花，须用鲜花，并注意保持花束整洁、鲜艳，忌用菊花、杜鹃花、石竹花、黄色花朵。有的国家习惯送花环，或者送一两枝名贵的兰花、玫瑰花等。通常由儿童或女青年，在参加迎送的主要领导人与客人握手之后将花献上。有的国家由女主人向女宾献花。

（四）介绍

客人与迎接人员见面时，互相介绍。通常先将前来欢迎的人员介绍给来宾，可由礼宾交际工作人员或其他接待人员介绍，也可以由欢迎人员中身份最高者介绍。客人初到，一般较拘谨，主人宜主动与客人寒暄。

（五）陪车

客人抵达后从机场到住地，以及访问结束后由住地到机场，有时会安排主人陪同乘车。如果主人陪车，应请客人坐在主人的右侧。若是三排座的轿车，译员坐在主人前面的加座上；若是二排座，译员坐在司机旁边。上车时，最好客人从右侧门上车，主人从左侧门上车，避免从客人座前穿过。如果客人先上车，坐到了主人的位置上，则不必请客人挪动位置。

（六）到店时的接待礼仪

1. 欢迎问候

接待服务员要笑脸相迎，按照先主宾后随员、先女宾后男宾的顺序欢迎问候。

2. 发放分房卡

及时将分房卡交给客人，为客人打开电梯门，用手势请客人进入电梯，对行动不方便的客人主动携扶入电梯。

3. 列队欢迎

当重要客人或团队到达时，要组织服务员到门口列队欢迎。服装要整齐，精神要饱满，客人到达时要鼓掌，必要时总经理和有关领导要出面迎接。在外宾没有全部进店或车辆未全部开走前，不得解散队伍。

（七）送客礼仪

1. 规格

送别规格应与接待的规格大体相当，唯主宾先后顺序正好与迎宾相反。迎宾是主人在前，客人在后；送客是客人在前，主人在后。

2. 注意事项

对于酒店来说，应注意如下几点。

（1）准备好结账：及时做好客人离店前的结账准备，包括核对酒吧饮料使用情况等，切不可在客人离开后，再赶上前去要求客人补"漏账"。

（2）放好行李：侍者或服务员应将客人的行李或稍重物品送到门口。

（3）开车门：酒店人员要帮客人拉开车门，开车门时右手悬搁置车门顶端，按先主宾后随员、先女宾后男宾的顺序上车，或主随客便自行上车。

（4）告别：送别客人时应向客人道别，祝福旅途愉快，并且目送客人离去，方可回归，以示尊重。

（5）送车。

（八）对一般客人的迎接

迎接一般客人，无官方正式仪式，主要是做好各项安排。如果客人是熟人，则可不必介绍，仅向前握手，互致问候；如果客人首次前来，又不认识，接待人员应主动打招呼并自我介绍；如果迎接的是大批客人，也可以事先准备特定的标志，如小旗或牌子等，让客人从远处就能看到，以便客人主动前来接洽。

（九）迎送工作中的几项具体事务

（1）迎送身份高的客人，事先在机场（车站、码头）安排贵宾休息室，准备饮料。

（2）安排汽车，预定住房。如有条件，在客人到达之前将住房和乘车号码通知客人。如果做不到，可印好住房、乘车表，或打好卡片，在客人到达时，及时发到每个人手中，或通过对方的联络秘书转达。这样既可避免混乱，又可以使客人心中有数，主动配合。

（3）指派专人协助办理出入境手续及机票（车、船票）、行李提取或托运手续等事宜。重要代表团人数众多，行李也多，应将主要客人的行李先取出（最好请对方派人配合），及时送往住地，以便更衣。

（4）客人抵达住处后，一般不要马上安排活动，应稍作休息，起码给对方留下更衣时间。

🖝 **知识拓展**

21 响礼炮的由来

礼炮在国家庆祝大典上可增添一种隆重的气氛。鸣放礼炮起源于英国。17 至 18 世纪，英国已成为当时头号殖民帝国，世界上几乎每块大陆都有它的殖民地。英国军舰驶过外国炮台或驶入外国港口时，蛮横地要求所在国向他们鸣炮致礼，以示对英国的尊重和臣服。作为回礼，英舰一般鸣炮7响。但是，英国殖民主义者认为弱国与强国、殖民地与宗主国不能平起平坐，英舰鸣一声礼炮，别国应报3声。三七二十一，21响礼炮的习俗就这样诞生了。不过，后来随着英国在国际上的地位逐渐走下坡路，英国军舰也开始改为鸣21响礼炮，以示平等。举行盛大庆典鸣放礼炮的规格各国不尽相同。美国国庆日鸣放50响，表示每州鸣一声。在迎宾仪式中鸣放礼炮，最高规格是21响，一般为国家元首鸣放；其次19响，为政府首脑鸣放。据说400多年前英国海军用的是火炮。当战舰进入友好国家的港口之前，或在公海上与友好国家的舰船相遇时，为了表示没有敌意，便把船上大炮内的炮弹统统放掉，对方的海岸炮舰船也同样做以表示回报。这种做法以后就逐渐成为互致敬意的一种礼仪。由于当时最大的战舰装有大炮21门，所以鸣炮21响就成了一种最高礼节。鸣放次数与战舰级别（装炮门数）相当。21响为最高，以下次数为19、17、15、13响。据说当时认为双数不吉利，因此，舰炮都是单数，现在也有鸣双数的。21响全都鸣放是国家元首享有的礼遇，1875年美国对总统和国旗首次正式采用这一礼仪。以鸣放礼炮作为国际礼节，我国是从1961年6月正式开始的，当时印度尼西亚总统苏加诺第二次来我国访问。我国曾多年停止鸣放礼炮。自1984年3月起，为外国国家元首和政府首脑举行欢迎仪式恢复鸣放。

▷ **实训考核**

组别：_____ 姓名：_____ 时间：_____ 成绩：_____

	小组互评（50%）	教师评分（50%）	总分（100）
听课认真程度			
迎客服务礼仪熟练程度			
送客服务礼仪熟练程度			
参与实训认真程度			

附录 A

我国部分少数民族的风俗礼仪

一、壮族

壮族是我国少数民族中人口最多的一个民族,在全国的 31 个省、自治区、直辖市中均有分布,主要聚居在我国的南方,范围东起广东省连山壮族瑶族自治县,西至云南省文山壮族苗族自治州,北达贵州省黔东南苗族侗族自治州从江县,南抵北部湾。广西壮族自治区是壮族的主要分布区,共有 1 420.71 万人,占壮族总人口的 87.81%,主要聚居于南宁市、崇左市、百色市、河池市、柳州市、来宾市、贵港市等地。另外,分布在云南省文山壮族苗族自治州的有 98.1 万人,散居在云南省其他地区的有 12.9 万人;广东省连山壮族瑶族自治县有 4.2 万人,另有 4 000 余人居住在与连山毗邻的怀集县下帅壮族瑶族乡;贵州省黔东南苗族侗族自治州从江县有 1.6 万人;湖南省江华瑶族自治县有 5 000 余人。壮族居住的地方,基本上连接成一片,大部分聚居,也有相当一部分和汉、瑶、苗、侗、仫佬、毛南、水等族杂居。

(一)饮食习惯

壮族是最早栽培和种植水稻的民族之一,稻作文化十分发达,稻米也自然成为壮族人民的主食。稻米制作方法多种多样,有蒸、煮、炒、焖、炸等,各种米饭、米粥、米粉、米糕、糍粑、粽子、汤圆等,是壮族人民日常喜爱的食品。如果掺和其他材料,还可以制成许多更加味美营养的食品,如八宝饭、八宝粥、竹筒饭、南瓜饭、"彩色糯米饭"等。居住在干旱山区的壮族,由于不宜种植水稻,则以玉米为主食。壮族人民喜食水产,鱼蛤螺蚌,皆为珍味;山林中的菌果、蝉、蛇、禽、兽,也是壮族人民的日常佳肴。嚼槟榔是壮族的传统习俗,今广西龙州等地的壮族妇女仍有此喜好。有些地方,槟榔是招待客人的必需品。

(二)礼仪介绍

壮族是个好客的民族,过去到壮族村寨任何一家做客的客人都被认为是全寨的客人,往往几家轮流请吃饭,有时一餐饭吃五、六家。平时即有相互做客的习惯,比如一家杀猪,必定请全村各户每家来一人,共吃一餐。招待客人的餐桌上务必备酒,方显隆重。敬酒的习俗为"喝交杯",其实并不用杯,而是用白瓷汤匙。

客人到家,必在力所能及的情况下给客人以最好的食宿,对客人中的长者和新客尤其热情。用餐时须等最年长的老人入席后才能开饭;长辈未动的菜,晚辈不得先吃;给长辈和客人端茶、盛饭,必须双手捧给,而且不能从客人面前递,也不能从背后递给长辈；先吃完的要逐个对长辈、客人说"慢吃"后再离席；晚辈不能落在全桌人之后吃饭。

尊老爱幼是壮族的传统美德。路遇老人要主动打招呼、让路，在老人面前不跷二郎腿，不说污言秽语，不从老人面前跨来跨去。杀鸡时，鸡头、鸡翅必须敬给老人。路遇老人，男的要称"公公"，女的则称"奶奶"或"老太太"；遇客人或负重者，要主动让路，若遇负重的长者同行，要主动帮助并送到分手处。

（三）民族禁忌

壮族人忌讳农历正月初一这一天杀牲；有的地区的年轻妇女忌食牛肉和狗肉；妇女生孩子的头三天（有的是头七天）忌讳外人入内；忌讳生孩子尚未满月的妇女到家里串门。登上壮族人家的竹楼，一般都要脱鞋。壮族忌讳戴着斗笠和扛着锄头或其他农具的人进入自己家中，所以到了家门外要放下农具，脱掉斗笠、帽子。火塘、灶塘是壮族家庭最神圣的地方，禁止用脚踩踏火塘上的三脚架及灶台。壮族青年结婚，忌讳怀孕妇女参加，怀孕妇女尤其不能看新娘。怀孕妇女也不能进入产妇家。家有产妇，要在门上悬挂柚子枝条或插一把刀，以示禁忌。不慎闯入产妇家者，必须给婴儿取一个名字，送婴儿一套衣服、一只鸡或相应的礼物，做孩子的干爹、干妈。忌筷子跌落地上，认为不吉利。吃饭时忌用嘴把饭吹凉，更忌把筷子插到碗里。夜间行走忌吹口哨。忌坐门槛中间。

壮族是稻作民族，十分爱护青蛙，有些地方的壮族有专门的"敬蛙仪"，所以到壮族地区，严禁捕杀青蛙，也不要吃蛙肉。每逢水灾或其他重大灾害时，壮族都要举行安龙祭祖活动，乞求神龙赈灾。仪式结束后，于寨口立碑，谢绝外人进寨。

（四）文化艺术

1. 民歌

壮族每年有数次定期的民歌集会，其中以"三月三"歌节最为隆重。壮族一向以能歌著称，早在汉代刘向的《说苑·善说篇》中，就有关于先秦时期壮族先民所唱的《越人歌》的记载。壮族民歌形式、内容丰富多彩，有二三句的，也有三四句以至更多的；流行七字句和腰脚韵。有盘歌（或称"猜歌"）、哭嫁歌、贺新居歌、生活歌、农事歌、时政歌、历史歌，等等。壮歌的特点是善于触景生情，托物取喻，以猜谜、盘问的形式，唱出有声有色、动人心弦的歌词。传说唐代有个著名的女歌手刘三姐，创造了声调悠扬、寓意深远的歌谣，歌颂人们从事劳动和爱情的幸福，揭露上层统治者的贪婪与不仁，因而至今仍得到壮族人民的传颂，被称为"歌仙"。壮族有定期聚会唱歌的传统，而且唱歌的地点也比较固定，这种集体唱歌的特定场所叫"歌圩"。其早期历史可追溯到氏族部落时期，源于先民们祭祀神灵祈求生育和丰收的宗教活动，而后逐步演变成为青年男女定期聚集原野，"以歌代言"、"以歌择偶"的一种社交活动，又进而发展成为群众性的游乐节日。每到圩日，远近几十里内的男女老少，都盛装汇集于此，享受自己民族的狂欢节。1984 年，广西壮族自治区人民政府正式将农历三月初三这一天定为壮族的全民性节日——"三月三"歌节。

2. 铜鼓

铜鼓，已有2000多年的历史，目前仅广西出土和收藏的就有600多面，民间收藏和登记在册的有1400多面。铜鼓的类型很多，大小不一，最大的直径达1.63米。重量小者二三十公斤，大者近500公斤。铜鼓的用途历来说法不一，有军乐、民乐、祭乐，以及权力财富的象征等等说法。铜鼓不仅是一种实用器物，同时也是一种精美的艺术品。它既有浮雕式的花纹图案，又有立体塑物，是雕刻艺术和立塑的综合体，是综合的艺术品，体现了壮族工匠高超的铸造技术和艺术水平。

3. 壮锦

壮锦是壮族妇女独创的手工艺品。以棉纱为经，丝绒为纬。经线一般为原色，纬线用各种彩色，织成各种美丽的花纹图案。壮锦色泽鲜艳、织工精巧、质地松软、结实耐用。壮族人民喜爱象征吉祥的凤，因此，"十件壮锦九件凤"，壮锦上的凤各个鲜活生动，别具特色。壮锦花色品种多样，用途广泛，可用作床毯、被面、围裙、背带、腰带、手提袋、挎包、头巾、衣物装饰等。根据历史记载，唐、宋时已有生产。明、清时，壮族妇女曾因善于织锦而闻名全国。新中国成立后，壮锦作为极富民族风格的手工艺品得到进一步的发展，除继续生产传统的花纹图案外，还创制了40多种新的花纹图案。

4. 壮剧

壮剧是壮族舞台艺术形式，是壮族民间文学、音乐、舞蹈、技艺的综合性艺术。壮剧大体上可分为师公剧、北路壮剧、南路壮剧、富宁壮剧、广南壮剧、乐西土戏等六种。壮剧的表演艺术具有健康、朴实、活泼等特点。南路壮剧和北路壮剧的音乐唱腔比较多彩，表演技艺如身段、步法、手法、武打等都有其独特之处，具有浓厚的民族色彩与风格。

5. 乐器

壮族民间常用的乐器有唢呐、蜂鼓、铜鼓、大鼓、铜铙、铜锣及笙、箫、笛、马骨胡、天琴等。天琴是壮族最古老的弹拨乐器，主要流传于广西西南部与越南交界的龙州、宁明和防城一带，至今已经有上千年的历史。在壮族民间广为流传的传说《妈勒访天边》中，壮族先祖妈勒就是弹着天琴去天边寻找太阳的。

6. 舞蹈

壮族的舞蹈有"春堂舞"、"绣球舞"、"捞虾舞"、"采茶舞"、"扁担舞"、"铜鼓舞"等等。舞蹈的特点是主题鲜明，舞步雄捷，诙谐活泼，感情逼真，时而激昂慷慨，时而缠绵悱恻，充分体现了壮族劳动人民的倔强和爱憎分明的性格。

二、回族

回族是我国分布最广的民族之一，也人口较多的一个少数民族，全国的31个省、自治区、直辖市均有分布。宁夏回族自治区是其主要聚居区，全区拥有回族人口186.25 万，占全国回族总人口的 18.9%。另外，回族人口在 20 万以上的地区还有：北京、河北、内蒙古、辽宁、安徽、山东、河南、云南、甘肃和新疆等。以东、中、西三大地区来看，回族人口在西部地区最多，占其总数的 60.75%。其次是东部地区，中部地区最少。从南北来看，回族主要分布在黄河流域的北方各省区，南方分布的回族人口较少。

伊斯兰教在回族的形成和发展中始终起着不可忽视的作用，在回族形成后，各地回族一直延续着这一信仰。

（一）饮食习惯

回族分布较广，食俗也不完全一致。例如，宁夏回族偏爱面食，喜食面条、面片、调合饭；甘肃、青海的回族则以小麦、玉米、青稞、马铃薯为日常主食。

回族擅长煎、炒、烩、炸、爆、烤等各种烹调技法，风味迥异的清真菜肴中，既有用发菜、枸杞、牛羊蹄筋、鸡鸭海鲜等为主要原料、做工精细考究、色香味俱佳的名贵品种，也有独具特色的家常菜和小吃。

日常生活中，回族不抽烟、不饮酒，但特别喜欢饮茶和用茶待客。由于分散各地，形成了不同的饮茶习俗，北方回族地区有罐罐茶；云南回族中有烤茶；湖南回族中有擂茶。盖碗茶是西北回族的一种特殊嗜好。最有代表性的是"八宝盖碗茶"，即盖碗内泡有茶叶、冰糖、枸杞、核桃仁、芝麻、红枣、桂圆、葡萄干（或苹果干）等。

（二）民族节日

因为信仰伊斯兰教，回族每年主要过三个重大节日，即开斋节、古尔邦节和圣纪节，节日均以伊斯兰教历计算。每年教历九月为斋月，男满十二周岁、女满九周岁以上的回民，都要封斋。斋戒期满，逢开斋节，这一天从拂晓开始起来，洗大净、沐浴净身，换上新衣服，到清真寺会礼。"古尔邦"一般在开斋节后 70 天举行。节前家家打扫卫生，炸油香、馓子、花花等。节日当天拂晓，沐浴净身、燃香，换上整洁的衣服赴清真寺参加会礼。结束后，还要举行一个隆重的宰牲典礼，所宰的肉一份自食，一份送亲友邻居，一份济贫施舍。圣纪节是纪念穆罕默德诞辰和逝世的纪念日。相传他的诞辰与逝世都在伊斯兰教历 3 月 12 日，一般合称"圣纪"，俗称"圣会"。节日这天首先到清真寺诵经、赞圣、讲述穆罕默德的生平事迹，教育回族群众不忘至圣的教诲，做一个真正的穆斯林。这天穆斯林还要做讨白（忏悔）。仪式结束后，开始会餐。

（三）民族禁忌

根据伊斯兰教的规定，回族禁食猪、马、驴、骡、狗和一切自死的动物、动物血，禁食一切形象丑恶的飞禽走兽，无论牛、羊、骆驼及鸡禽，均需经阿訇或做礼拜的人念安拉之名然后屠宰，否则不能食用。

回族饮水较讲究，凡是不流的水、不洁净的水均不饮用。忌讳在人饮水源旁洗澡、洗衣服、倒污水。

回族禁用食物开玩笑，特别是不能用禁食的东西做比喻，如不得形容辣椒的颜色像血一样红等。

三、维吾尔族

维吾尔族总人口为 8 399 393 人（2000 年），主要聚居在新疆维吾尔自治区，全区维吾尔族人口 8 345 622 人，占全国维吾尔族总人口的 99.4%。新疆的维吾尔族主要分布在天山以南，塔里木盆地周围的绿洲是维吾尔族的聚居中心，其中尤以喀什噶尔绿洲、和田绿洲以及阿克苏河和塔里木河流域最为集中。天山东端的吐鲁番盆地，也是维吾尔族较为集中的区域。天山以北的伊犁谷地和吉木萨尔、奇台一带，有为数不多的维吾尔族定居。此外，在我国湖南省桃源县和河南省渑池县，也有少量维吾尔族分布。

（一）民族语言

现代维吾尔语是维吾尔民族的共同语言，属阿尔泰语系突厥语族。历史上，维吾尔语的发展经历了三个阶段：古突厥语阶段（7–13 世纪）、察合台语阶段（14–18 世纪）、近代和现代维吾尔语阶段（19 世纪–现在）。在我国，现代维吾尔语分为中心、和田、罗布三个方言，标准语以中心方言为基础，以伊犁–乌鲁木齐语音为标准音。维吾尔语与同语族的哈萨克语、柯尔克孜语、乌孜别克语等亲属语言既有许多共同之处，也有自己独具的特点。

（二）民族习俗

维吾尔族的习俗有命名礼、摇床礼、割礼、婚礼、葬礼等。命名礼、摇床礼是给婴儿举行的仪式，给婴儿起名和祝愿他们。割礼一般只限于 7 岁至 12 岁的男性儿童，是男孩步入成年的标志。

维吾尔族过去曾盛行包办婚姻，现在自由恋爱较为普遍。婚前，男方必须向女方交财礼。维吾尔族婚礼由阿訇主持。首先要念"尼卡"确立夫妻关系。"尼卡"仪式结束后，要举行婚宴，招待各自的亲戚、好友与同事。婚礼有迎新娘仪式、"要力托素西"（意为挡道、拦路）、揭面纱仪式、新郎与新娘为自己的婚礼所举行的庆贺仪式等。

维吾尔族遵照伊斯兰教规，实行土葬，主张速葬。

（三）民族节日

维吾尔族的传统节日，有肉孜节、古尔邦节和诺鲁孜节。前两个节日都来源于伊斯兰教，日期是按伊斯兰教历计算的，每年都在移动。肉孜节又叫"开斋节"，因为它在封斋一个月后举行，一般要过 3 天。古尔邦节又叫"宰牲节"，在肉孜节过后 70 天举行，家境好的，都要宰一只羊。诺鲁孜节是维吾尔族人民最古老的传统节日，在春分时节，相当于公历 3 月 22 日。在这一天，要举行各种庆祝活动和传统的"麦西莱甫"。

（四）宗教习俗

维吾尔族群众现在普遍信仰伊斯兰教。历史上，维吾尔族曾经信仰过萨满教、摩尼教、祆教、景教和佛教等。10 世纪末，喀拉汗王朝开始信奉伊斯兰教。到了公元 15 世纪时，伊斯兰教在维吾尔族地区逐渐占据统治地位，成为全民信仰的宗教。伊斯兰教有不同的教派，维吾尔族大多数人信仰逊尼派的教法学派之一哈乃斐派，也有相当一部分人信仰神秘主义的苏菲派，在新疆称为依禅派。此外，还有少部分人信仰瓦哈比派。新疆的依禅派尊奉逊尼派教义，但是在对《古兰经》和《圣训》的解释上有自己独特的思想体系，他们提倡"不重今生重来世"，要禁欲、苦行和守贫。麻札是依禅派教徒活动的中心，朝拜麻札是该教的重要特点。

（五）饮食习惯

维吾尔族的传统饮食以面食为主，喜食羊、牛肉，蔬菜吃得相对较少。主食的种类很多，最常吃的有馕、抓饭、包子、拉面等。馕是用小麦面或玉米面制成的，在特制的火坑内烤熟，为形状大小和厚薄不一的圆形饼。抓饭，维吾尔语称"颇罗"，是用大米、羊肉、羊油、食油、胡萝卜焖成的一种饭食，味道鲜美。蒸包子，维吾尔语称"曼它"；烤包子，维吾尔语称"撒木萨"，用面做皮，用羊肉丁、羊油拌少许洋葱做馅，皮薄肉多。另外有拉面、炒面、汤面、"纳仁面"等。名菜有烤全羊、清炖羊肉、烤肉等。维吾尔族严格禁止吃猪肉、驴肉、狗肉、骡肉。在南疆部分地区还禁食马肉（北疆牧区或农牧区则无此限制）。一般未念经宰杀的牲畜和家禽也禁食。维吾尔族喜欢饮茶。维吾尔茶是由小豆蔻、肉豆蔻、肉桂、丁香、孜然、胡椒、干姜、荜澄茄等15 种天然植物经科学加工精制而成，具有健脾胃、化食、散寒、祛风、润便、醒脑之功能。

（六）民族禁忌

维吾尔族待客和做客都颇为讲究。如果来客，要请客人坐在上席，摆上馕、各种糕点、冰糖等，夏天还要摆上一些瓜果，并给客人倒茶水或奶茶，待饭做好后再端上来。如果用抓饭待客，饭前要提一壶水，请客人洗手。吃饭时，长者坐在上席，全家共席而坐。客人不可随便拨弄盘中食物，不可随便到锅灶前去，一般不把食物剩在碗中，同时注意不让饭屑落地，如不慎落地，要拾起来放在自己跟前的"饭单"上。共盘吃抓饭时，不将已抓起的饭粒再放进盘中。饭毕，如有长者领作"都瓦"，客人不能东张西望或立起。待主人收拾完食具，客人才能离席。注意，饭前饭后必须洗手，洗后只能用手帕或布擦干，忌讳顺手甩水，那样不礼貌。

四、藏族

我国藏族总人口 541.6 万（2000 年），主要分布在我国西藏自治区和青海、甘肃、四川、云南等省区。藏族是汉语的称谓，藏族自称为"博（bod）"。藏语对居住在不同地区的人又有不同的称谓：居住在西藏阿里地区的人自称为"兑巴"，后藏地区的人自称为"藏巴"，前藏地区的人自称为"卫巴"；居住在西藏东境和四川西部的人自称为"康巴"；居住在西藏北境和四川西北部、甘肃南部、青海地区的人自称为"安多娃"。统称为"博巴"。

（一）宗教信仰

藏族民间信奉的藏传佛教是大乘佛教。喇嘛藏语意为"上师"。佛教从七世纪传入藏族地区后，吸收了原始本教的信仰和仪式，经过长期的发展，逐渐形成了大小不同教派，除宁玛派（红教）之外，其余如噶举派（白教）、萨迦派（花教）、格鲁派（黄教），在历史上都曾先后在藏族地区建立过政教合一的地方政权。格鲁派严禁僧人娶妻，其余各派的僧人则可以结婚，各教派都有自己的戒律。

藏传佛教中占主导地位的格鲁派。格鲁派的属寺遍及藏族地区，著名的寺院有拉萨的甘丹寺、色拉寺、哲蚌寺，日喀则的扎什伦布寺，昌都的昌都寺，甘肃的拉卜楞寺和青海的塔尔寺等。格鲁派实行活佛转世制度，达赖喇嘛和班禅额尔德尼就是这一教派的两大活佛转世系统（清代规定达赖、班禅和格鲁派大活佛转世，均须经由朝廷认可或经金瓶掣签确定）。

（二）饮食习惯

农区的主食糌粑是用炒熟的青稞或豌豆磨制成面粉，用茶水拌食。藏族人民喜欢酥油茶和奶茶。酥油茶是将酥油与热茶倒入特制的木筒捣拌而成。牧区的主食为牛羊肉。进餐时，使用随身携带的木碗和带鞘短柄尖刀。每餐量少，一般日食五、六餐。喜饮青稞酒。以牛奶制成的酸奶、奶渣等，也是日常的食品。有些地区，也食用米饭和面条。牧区妇女喜用酥油涂面护肤。僧人不忌荤，可以吃肉。

（三）丧葬习俗

藏族有些地方通行天葬，又称鸟葬。即将尸体送到山间天葬场加以肢解切割，骨头也要砸碎以喂秃鹫。转世大活佛圆寂后，要举行隆重仪式，用香料和药品腌干，尸体盘坐，外涂香泥或修建灵塔保存。一般活佛和有地位的喇嘛，则在尸体上涂上酥油火化，将骨灰和泥放置固定地点保存供养，但在庄稼收获时忌用火葬。

（四）民族禁忌

1. 主人

（1）接待客人时，无论是行走还是言谈，都是让客人或长者为先，并使用敬语，如在名字后面加个"啦"字，以示尊敬和亲切，忌讳直呼其名。

（2）迎送客人，要躬腰屈膝，面带笑容；室内就座，要盘腿端坐，不能双腿伸直、脚底朝人，不能东张西望。

（3）敬茶、酒、烟时，要双手奉上，手指不能放进碗口。

（4）接受礼品，要双手去接；赠送礼品，要躬腰双手高举过头。

2. 客人

（1）进门时绝对不要踩踏门槛，这是藏族为数不多的忌讳之一。

（2）吃饭时要食不满口，咬不出声，喝不出响。

（3）藏族人绝对禁吃驴肉、马肉和狗肉，有些地区也不吃鱼肉、飞禽等。

（4）接受敬酒时，客人须先用无名指蘸一点酒弹向空中，连续三次，以示祭天、地和祖先，接着轻轻呷一口，主人会及时添满，再喝一口再添满，连喝三口，第四口时必须一饮而尽。

（5）喝酥油茶时，主人倒茶，客人要待主人双手捧到面前时，才能接过来喝。

（6）切勿随便触摸藏民的衣服，这也是藏族为数不多的忌讳之一。

3. 其他礼节

（1）行路遇到寺院、玛尼堆、佛塔等宗教设施，必须从左往右绕行。

（2）不得跨越法器、火盆。

（3）经筒、经轮不得逆转。

（4）忌讳别人用手触摸头部。

（五）民族礼仪

藏族在迎接客人时除用手蘸酒弹三下外，还要在五谷斗里抓一点青稞，向空中抛撒三次。酒席上，主人端起酒杯先饮一口，然后一饮而尽，主人饮完头杯酒后，大家才能自由饮用。饮茶时，客人必须等主人把茶捧到面前才能伸手接过饮用，否则认为失礼。吃饭时讲究食不满口，嚼不出声，喝不作响，拣食不越盘。用羊肉待客，以羊脊骨下部带尾巴的一块肉为贵，要敬给最尊敬的客人。制作时还要在尾巴肉上留一绺白毛，表示吉祥。

献哈达是藏族待客规格最高的一种礼仪，表示对客人热烈的欢迎和诚挚的敬意。哈达是藏语，即纱巾或绸巾。它以白色为主，亦有浅蓝色或淡黄色的，一般长约 1.5 米至 2 米，宽约 20 厘米。最好的是蓝、黄、白、绿、红五彩哈达，多用于最高级别、最隆重的仪式，如佛事等。

附录 B

我国港、澳、台地区的饮食文化

　　香港和澳门位于珠江的出海口，现有人口分别为 600 多万和 50 余万。祖籍是广东的居民，分别占其中的百分之八十五和百分之九十，外籍居民以英国、葡萄牙和东南亚人居多。

　　由于香港地区特殊的地理环境、社会性质和人口构成，港澳同胞的风情民俗和习惯爱好等，兼有广东特色和英国、葡萄牙等西方国家的特征。同广东地区人民一样，港澳同胞对饮食十分讲究，素有"食在香港"、"食在广州"之称。饮食仍以粤菜为主。菜肴注重色、香，带有西方味，取料花色繁多，烹饪技术精湛，品种适合时令。菜肴特点：生、脆、鲜、淡、嫩。

　　年岁较大的港澳同胞，基本沿袭广东等地的传统风俗习惯，特别注重象征吉利之类的口彩和习俗。如"发菜"之所以为宴会餐桌上所不可缺少的菜肴，就是因为它与"发财"谐音；同样"18"（要发）、"1688"（一路发发）等数字也备受青睐。

　　港澳青年的生活方式（包括饮食在内），基本上已类似西方。

　　台湾是我国的一个省。其居民构成除原居岛上的高山族等民族以外，居民大多数是闽南等地的移民和其他省份去台的人员。少数民族仍保持其民族的风俗习惯，汉族居民大多数仍保持其祖籍的传统习俗。由于台湾曾被日本强占近五十年，故也受日本文化和习俗的影响。

一、香港的饮食文化

（一）本地菜

　　香港家庭多以中国菜为家庭菜，大部分保留了自己民族传统饮食特色。在华人社区内，以广府人、客家人（以新界的原居民尤甚）、潮汕人、蛋家人为主。因此广府菜、客家菜、潮州菜等被视为本地菜色。盆菜是新界原居民在节日时的传统菜。西贡市、南丫岛、流浮山和鲤鱼门则以海产闻名。传统食肆则可到古渔村（如长洲和大澳）里寻。

　　在第二次世界大战之前，香港中上环一带遍布供应点心和茗茶的中式茶楼和二厘馆，譬如石塘咀至西环一带的三元楼、燕琼林、中上环的冠南茶楼、三多茶楼、云来茶楼、高升大茶楼、平香茶楼、得男茶室、得云大茶楼、莲香楼、陆羽茶室、湾仔的龙门。因为茶楼客人差不多全是男子，所以茶楼名字多以"多男"、"得男"寓意开枝散叶的传统思想。早年的茶楼分为楼座和地厅，楼座的风景好一点，茶价是七厘，地厅的茶价是三厘六，而二厘馆的茶价当然是二厘。20 世纪三四十年代，茶楼竞争进入白热化，茶楼开始在晚上开设歌坛，以供表演粤曲。后来附设歌坛的茶楼多达三十几家，譬如如意、富隆、平春、添男、大观、莲香、高升，等等。当年高升大茶楼曾聘请女伶梁瑛演唱粤曲，并且另聘乐师伴奏。当时除了茶楼，还有主要举办筵席的中式酒楼，譬如杏花楼、镛记酒家、南园、西苑、文苑、大三元、宴琼林、聚馨楼、探花楼、观海楼、桃李园。杏花楼是香港的第一家酒楼，早在 1846 年已开设在西环水坑口。1900 年，酒楼已增至三十多家。当时台湾爱国诗人丘逢甲也曾经在杏花楼与朋友笑说诗词，大谈国事。由于香港人喜爱饮早茶，中式茶楼每天从清晨大约五时开始供应点心，到中午为止。战后，中式酒楼也开始兼营了茶楼的业务，供应不少新式点心。在经济起飞的八十年代，香港夜生活越来越丰富。到了九十年代，部分酒楼开始供应夜茶服务。

1. 斋菜方面

一般的寺庙，如宝莲寺、圆玄学院、观音寺，会供应正式的斋菜。由于早期交通不便，有商人开始经营斋菜馆。香港第一间斋菜馆成立于 1935 年，位于香港岛坚道的小祇园。斋菜馆也常常售卖佛经、佛珠、木鱼等佛教用品。素菜馆则会供应一些仿荤的素食。

避风塘原为船只避风之地，由于大量东南亚食材经此地进口，一些湾仔的餐馆便乘势推出战后避风塘特式的小菜，一般以海鲜为主（如避风塘炒蟹），辛辣及味浓是避风塘菜的特色。另外，位于香港仔避风塘的珍宝王国也是非常著名的海上食府，现已成为香港重要旅游景点之一。随着香港经济的腾飞，人们对饮食的要求越来越高，以海鲜为主的高级食府也不断出现，例如阿一鲍鱼、阿翁鲍鱼、新同乐与海都海鲜酒家。

2. 早餐方面

城市内的香港人比较喜欢饮早茶。可是对于要出卖劳力的人，米就是每餐的主要食粮。他们的早餐主要是白粥、油炸鬼和香港特有的炸两。

在秋冬吃野味的风俗，在香港也曾是大行其道。蛇羹（尤其是太史五蛇羹）、果子狸、穿山甲、禾花雀曾是常见的野味。后来，很多野味受到法律保护，很多想吃野味的人都前往我国内地吃。

（二）外江菜

随着第二次世界大战及国共内战，不少中国内地各省移民涌入香港。当中为数不少的是上海人、宁波人。这些上海菜、宁波菜、徽菜被统称为外江菜。

由于上海人促进了香港工业，上海菜逐渐受到欢迎，譬如粢饭、豆浆、上海粗炒、大闸蟹、赛螃蟹、蚂蚁上树、高力豆沙等。著名的上海菜馆有老正兴和三六九上海菜馆。

香港川菜以麻辣为特色，虽然在使用辣椒方面已经受到了亚洲各国的影响，但新的烹调方法让香气更甚。现在许多川菜馆都在菜牌上显示菜肴的辛辣程度，以之识别。

以前，大排档曾经是非常普遍的食肆，但是由于严苛的卫生条例以及政府不再向公众发出有关的经营牌照（许可证），大排档在港已经面临绝迹的命运。大排档慢慢把茶水档搬进室内，并且结合了以菠萝冰、杂果冰和红豆冰作招牌的冰室，逐渐变成今天的茶餐厅。茶餐厅主要提供方便面、馄饨面、米粉、煎蛋、糭子和粥等廉价食物。部分大型茶餐厅会供应炒粉面，如干炒牛河、福建炒饭、星洲炒米。有些（如太兴烧味茶餐厅）还兼营烧味业务。当日本料理在香港大受欢迎的时候，茶餐厅也开始供应部分日本熟食菜色。早餐方面，则供应牛油面包、多士、鸡蛋、香肠、咖啡、奶茶等。虽然这些食物名称在每一间茶餐厅都是一样的，但真正的制成品会因茶餐厅的不同而有少许的不同。

在殖民地时期，香港慢慢吸收了英国的饮食文化，其中英式下午茶逐渐本地化，成为茶餐厅的主要内容。当中最著名的就是"丝袜奶茶"。"丝袜奶茶"以多种茶叶冲泡，用如丝的绵网过滤，再加入淡奶，是个迷人的文化融合。"鸳鸯"则是香港另一特色饮料，以淡奶、红茶和咖啡混合调制而成。还有更多的创新饮品，如柠啡与柠宾。在饼店及茶餐厅，可以找到蛋挞与菠萝包这两种中西文化混合而成的香港特色食品。其他香港小吃还有鸡蛋仔、格仔饼、砵仔糕、煎酿三宝、碗仔翅、车仔面。

二、澳门的饮食文化

葡式蛋挞、蛋卷、凤凰卷、蛋卷仔、花生糖、酥糖、澳门杏仁饼、猪油糕、甜老婆饼、咸老公饼、合桃酥、鸡仔饼、牛耳仔、咸切酥，等等。

三、台湾的饮食文化

闽客饮食文化是最主要的台湾饮食文化，是从福建与广东饮食文化发展而来的，成为今天的"台湾菜"，其主要特色是强调海鲜。闽客饮文化中，餐厅酒店多设佛龛，以求保佑发财。另外，同福建、广东一样，台湾具有浓厚的饮茶文化，喜欢冲饮壶茶，讲究茶具的精美和冲泡方法，特别流行"工夫茶"。在历史上，台湾还生产过供春、秋圃、潘壶等几种质坚耐热、外观雅致的紫砂名壶。如今，台湾茶文化也有了新的发展。

（一）宗教信仰与饮食文化

台湾宗教信仰流行，在祭典或祭祖先时，十分重视供品的食品内容，如生的用来祭天，熟的用来祭祖先。现今的台湾，十分流行吃素。

（二）食补文化

台湾与大陆南方一样，饮食非常讲究食补。现在可以说是一种健康饮食文化。在台湾，养生防老、阴阳互补、五行调和等观念深入人心。目前，台湾食物养生方式主要有素食、生食、有机饮食、断食疗法及传统中医食疗。台湾民间常以"四神汤"（淮山、芡实、莲子与茯苓）作滋补饮料，是著名的滋补小吃。民间食补习俗中最独特的是所谓的"半年补"，即在每年的农历六月初一，家家户户用米粉搓丸子，做成甜粢丸，吃后可除炎夏百病。另外，台湾还有"补冬"或"养冬"的习俗，即立冬之日进补。

（三）台湾极品小吃

1. 台湾珍珠奶茶

珍珠奶茶以红茶和绿茶为基本的原料，里面再加入各种味道不同的蜜汁以及名为

"珍珠"的圆粒调味品，有冷热两种不同的食用方法，不仅非常解渴，而且味道十分鲜美，是很方便的新潮饮料。珍珠奶茶不仅在口味上讲究，而且讲究色感上的不同，最能吸引年轻的消费者。它们都有利用了材料的多种色彩，并加以调配，使其产生不同的视觉效果。珍珠奶茶的另一个特点是，通过很大的吸管把里面的"珍珠"吸上来食用，一口咬下给人一种"QQ"的感觉。

2. 台湾蚵仔煎

其最早的名字叫"煎食追"，是台南安平地区一带的老一辈的人都知道的传统点心，是以加水后的番薯粉浆包裹蚵仔、猪肉、香菇等丰富的食材所煎成的饼状物。

台湾蚵仔煎做法提示：除了新鲜的蚵仔外，番薯粉也是使蚵仔煎美味的另一个关键。番薯粉的种类很多，但只有纯番薯粉才能调出香醇浓郁的粉浆。将粉浆以适当比例加水勾芡后，加入韭菜，做出的成品口感就能又黏又 Q；而且精纯的番薯粉也能巧妙地将肥美蚵仔的鲜味充分提升，做最完美的搭配。鸡蛋的选用也是一门学问，重视香味的店家会采用颜色深黄的土鸡蛋，冬天搭配茼蒿，夏天搭配小白菜，并以能提香味的猪油来煎出美味的蚵仔煎，吃时再淋上以味噌、番茄酱、辣椒、酱油等熬成的酱汁。有了以上各种上等材料的搭配，让原本是贫民美食的蚵仔煎也变得精致美味了，那种甜中带咸、咸中带辣的缤纷滋味，叫人回味无穷。

3. 台湾烤玉米

玉米，也称为玉蜀黍，台湾话叫作"番麦"，是一种在全世界各地相当普遍的粮食作物。无论蒸、煮、炒，还是做沙拉，都相当对味。小时候也会在夜市里，甚至放学后听到摊贩叫卖"烧番麦"，吸引许多人前往品尝，享受烧番麦的迷人滋味。具体做法是：首先将带有叶子的生玉米，放进特制的大桶，覆盖加热处理的小黑石，加水后闷熟玉米使玉米甜味锁住，数十分钟后，玉米就闷熟了。再将包覆玉米的叶子拿掉，将玉米放入特别订制的烤炉，以木炭取代瓦斯，烤 3 ~ 5 分钟。最后刷上独门配方的酱料，就是香气十足、富有玉米鲜味与嚼劲的珍珠烤玉米。

除上述美味之外，台湾小吃还有度小月担仔面、鳝鱼伊面、金爪米粉等。

四、华侨的饮食文化

一般华侨在中国各大城市都有，但是广东省的江门市达 320 多万，汕头市达 490 万，揭阳市（包括普宁市）413 万，福建省的泉州市近 760 万。

其生活习惯既有家乡特点，又有侨居国特点。如来自欧美的华侨，对生活要求较高，对客房设备、饮食菜肴等都较讲究。饮食多数吃中餐，特别是家乡菜，也爱吃西餐。有些老华侨的生活习惯、饮食起居，仍保持着浓厚的乡土气息。对他们的服务，特别是餐饮方面，要以中菜为主，辅以西菜。如能供应具有祖籍所在地的风味菜肴，则更受欢迎。

附录 C

我国主要客源国或地区的礼仪

一、亚洲国家或地区的礼俗

亚洲是世界上第一大洲，位于东半球，屹立在世界的东方。亚洲有 40 多个国家和地区，人口众多。在历史上亚洲各国之间交往频繁，关系密切，因此相互间影响不小，许多国家民族的习俗、礼节都有相近之处。

在亚洲，人们信奉佛教居多，其次为伊斯兰教，也有一部分信奉基督教，故亚洲称为三大宗教影响最大的地区。

（一）我国港、澳、台地区的礼俗

香港、澳门、台湾是中国不可分割的领土，香港、澳门已回归祖国。在那里生活的 95% 以上的人口是中国人。他们热爱祖国和中华民族，有强烈的民族感和乡土观念。

1. 宗教信仰

港、澳、台同胞主要信仰佛教，此外还有不少人信仰基督教或天主教，他们中的回族同胞则信仰伊斯兰教。

2. 节庆

香港、澳门和台湾的节庆如同新中国成立前的内地，注重过中国传统的农历节日，如端午节、中秋节、春节等。过节时要祭神、祭祖，规矩、讲究很多。当然，由于受西方文化的影响，许多人也习惯过西方的圣诞节等节日。

3. 饮食习惯

港、澳、台同胞的饮食习惯与祖国大陆基本相同。许多人回内地探亲访友、旅游观光时喜吃家乡菜和各地传统的风味小吃。一般喜欢品尝有特色的名菜、名点，爱喝"茅台"之类的名酒，以及"龙井"、"铁观音"等名茶。

4. 礼貌礼节

港、澳、台地区通行的礼节为握手礼。因有些人参禅信佛，故也有见人行"合十"礼和呼"阿弥陀佛"的。港、澳、台同胞在接受饭店服务员斟酒、倒茶时行"叩指"礼，即把手指弯曲，以指尖轻轻叩打桌面以示对人的谢意，这种礼节来源于"叩头"礼。港、澳、台同胞一般比较勤勉、守时。与他们交往时要注意不能使其觉得丢面子；与他们谈话切入正题前要说些客套话，多表示些祖国大陆人民对他们的热情友好和真诚欢迎。

5. 禁忌

港、澳、台同胞，尤其是上了年纪的老一辈人，忌讳说不吉利的话，而喜欢讨口彩。如香港人特别忌"4"字，因其谐音"死"。若遇讲"4"，可说成两双，他们听了乐意接受。又如住饭店不愿进"324"房间，因其在广东话里的发音与"生意死"谐音，不吉利。过年时喜欢别人说"恭喜发财"之类的恭维话，不说"新年快乐"，因为"快乐"音近"快落"不吉利。由于长期受西方的影响，外国人的一些禁忌他们也同样忌讳，如忌"3"、"星期五"等等。

（二）韩国的礼俗

韩国是我国的近邻，与我国山东半岛隔海相望。自 1992 年中韩两国正式建交以来，韩国来华旅游和贸易的人数猛增，并发展成为我国旅游业在亚洲的主要客源国之一。

韩国人以勤劳勇敢著称于世，性格刚强，有强烈的民族自尊心，同时又能歌善舞，热情好客。

1. 宗教信仰

韩国人以信奉佛教为主，佛教徒约占全国人口的 1/3。

2. 服饰

"韩服"融合了直线以及柔和曲线的特点。女装由短上衣和宽松裙子组成，显得十分优雅；男装由上衣和裤子组成，大褂和帽子更加衬托其服装美。作为白衣民族，韩服基本色为白色。根据不同季节、不同身份，其着装的穿法、布料、色彩不同。如遇到结婚等特别的日子，平民也穿着贵族们穿的华丽颜色的韩服和装饰品。婚礼服由粉红上衣加深红色裙子组成，上面再加披肩，披肩是由五种颜色组成的华丽的服装，这是参照了东方的阴阳五行色。最近国内出现了融合韩服优点并添加了实用性的改良韩服。

3. 节庆

韩国的农历节日与我国近似，也有春节、清明节、端午节和中秋节等。自古以来，端午节妇女们还流行一种荡秋千的传统习俗。

4. 饮食习惯

韩国历史上曾是农业国，自古就以大米为主食。现在的韩国料理包括各种蔬菜和肉类、海鲜类等，而泡菜（发酵辣白菜）、海鲜酱（腌鱼类）、大酱（发酵豆制品）等发酵食品则成为韩国最具代表性、同时具有丰富营养价值的食品。

韩国餐桌文化最大的特点就是所有的料理一次上齐。根据传统，小菜的数量依不同档次从较低的 3 碟到为皇帝准备的 12 碟不等。而餐桌的摆放、布置也随料理的种类有很大的不同。因韩国人对形式的重视，餐桌摆设礼仪也得到了极大的发展。此外，同邻近的中国、日本相比，汤匙在韩国的使用频率更高，尤其当餐桌上出现汤的时候。

韩国远在古代就有细腻的酿酒工艺，在中国史书上，不止一次记载他们是极善于喝酒的民族。韩国人的酒，在他们的三国时代便普遍蓬勃，但那时多数是谷类酒。后经无数酿酒艺人的摸索和创造，形成了今天风韵独特的药酒和花酒，使韩国的酒文化内容极大地丰富起来。

韩国人在酒里加进药材的历史不下两千年，药酒必须在酿制时就加入药材。花酒变化更多。菊与杜鹃最宜酿酒，但这些酿酒用的花都必须在严格条件下自己种植。其他如荷花、荠菜花、梅花、蔷薇花、桃花、山茶花、樱花、杏花都能入酒。制作花酒多用香熏法，就是将花瓣装入袋里，再垂挂在酒缸内熏之。这是从中国传过去的传统方法，非常奏效。

5. 礼貌礼节

韩国人崇尚儒教，尊重长老，长者进屋时大家都要起立，问他们高寿。和长者谈话时要摘去墨镜。早晨起床和饭后都要向父母问安；父母外出回来，子女都要迎入才能吃饭。吃饭时应先为老人或长辈盛饭上菜，老人动筷后，其他人才能吃。乘车时，要让位给老年人。

韩国人见面时的传统礼节是鞠躬，晚辈、下级走路时遇到长辈或上级，应鞠躬、问候，站在一旁，让其先行，以示敬意。男人之间见面打招呼互相鞠躬并握手，握手时或用双手，或用左手托右手前臂，并只限于点一次头。鞠躬礼节一般在生意人中不使用。与韩国官员打交道一般可以握手或是轻轻点一下头。女人一般不与人握手。

在社会集体和宴会中，男女分开进行社交活动，甚至在家里或在餐馆里都是如此。

在韩国，如受邀请到家吃饭或赴宴，应准备小礼品，最好挑选包装好的食品。席间敬酒时，要用右手拿酒瓶，左手托瓶底，然后鞠躬致祝词，最后再倒酒，且要一连三杯。敬酒人应把自己的酒杯举得低一些，用自己杯子的杯沿去碰对方的杯身。敬完酒后再鞠个躬才能离开。做客时，主人不会让客人参观房子的全貌，不要自己到处逛。客人要离去时，主人会送到门口，甚至送到门外，然后说再见。

韩国人用双手接礼物，但不会当着客人的面打开。不宜送外国香烟给韩国友人。酒是送韩国男人最好的礼品，但不能送酒给妇女，除非你说清楚这酒是送给她丈夫的。在赠送韩国人礼品时应注意，韩国男性多喜欢名牌纺织品、领带、打火机、电动剃须刀等；女性喜欢化妆品、提包、手套、围巾类物品和厨房里用的调料；孩子则喜欢食品。如果送钱，则应放在信封内。

若有拜访必须预先约定。韩国人很重视交往中的接待，宴请一般在饭店或酒吧举行，夫人很少在场。

6. 禁忌

韩国人忌讳"4"这个数字，认为此数字不吉利，因其音与"死"相同。因此在韩国没有4号楼，不设第4层，餐厅不排第4桌等。这在接待韩国人时需注意回避，以免他们误解与生气。

（三）日本的礼俗

日本是我国"一衣带水"的邻邦，与我国交往频繁。自1972年两国正式恢复邦交以来，日本每年到中国来的游客近百万，日本已逐渐成为我国旅游业最大的客源国。

由于历史上鉴真和尚多次东渡扶桑，交流中日文化，所以日本受中国的影响很深，至今还保留着浓厚的我国唐代礼仪、风俗。

日本人总体特点是勤劳、守信、遵守时间、工作和生活节奏快，他们重礼貌，妇女对男子特别尊重，集体荣誉感强。

1. 宗教信仰

日本人大多信奉道教和佛教，佛教是从中国传过去的。少数日本人信奉基督教或天主教。

2. 服饰

日本的传统服饰是和服。日本妇女穿和服时，背部都要缠上一个看来既像小背包，又像中国南方妇女背小孩用的襁褓似的东西。其实，那既不是小背包，也不是襁褓，日本人把它叫作"带"。用带系身可以不让和服送展，显出形体的美，同时也是为了装饰，使艳丽的和服更加多彩。

3. 节庆

日本的重要节日有新年（1月1日），庆祝方式与中国差不多；成人节（1月15日），是满20周岁青年的节日；儿童节，有男孩子节和女孩子节之分。男孩子节也叫端午节，和中国端午节时间及过法基本类似。所不同的是，节日里凡有儿子的家庭，家门外要挂上各色大小不一的鲤鱼旗，大的鲤鱼旗代表大男孩，小的则代表小男孩，家里有几个男孩就挂上几面鲤鱼旗。女孩子节是每年3月3日，又称雏祭。日本的国花是樱花，故有樱花节，这个节日是从每年3月15日到4月15日。此外，还有敬老节（9月15日）、文化节（11月3日）等等。

4. 饮食习惯

日本人的饮食习惯别具一格，日常饮食主要有三种料理：第一种是传统的日本料理，又称"和食"。这是日本人祖祖辈辈流传下来的独特饮食方式。这种料理中最典型的食物要算是"沙西米"（生鱼片），"司盖阿盖"（类似我国的火锅），"寿司"（日本式饭团，一种冷盘菜）和日本面条等。日本人的早餐喜喝稀饭，由于受外来影响也喝牛奶、吃面包。午餐、晚餐一般吃米饭，副食以鱼类和蔬菜为主。日本是岛国，海产品多，所以日本人爱吃鱼并且吃法也很多，如蒸、烤、煎、炸等，鱼丸汤也是他们喜爱的。吃生鱼片时要配辣味以解腥杀菌。日本人还爱吃面酱、酱菜、紫菜、酸菜等。吃凉菜时，他们喜欢在凉菜上撒上少许芝麻、紫菜末、生姜丝等起调味点缀作用。第二种是从中国传过去的"中华料理"，即中餐。日本人偏爱我国的广东菜、北京菜、淮扬菜以及带辣味的四川菜。第三种就是从欧洲传过去的"西洋料理"，即西餐。他们究竟喜食何种料理，则要看具体对象而定。不过，最为普遍的还是这三种料理的混合选用。

日本人吃菜喜清淡，忌油腻，爱吃鲜中带甜的菜；爱吃牛肉、鸡蛋、清水大蟹、海带、精猪肉和豆腐等，但不喜爱吃羊肉和猪内脏。日本人喜欢喝酒，尤其是日本清酒、英国威士忌、法国白兰地和中国"茅台"等名酒。日本人吃水果偏食瓜类，如西瓜、哈密瓜、白兰瓜等。

5. 礼貌礼节

日本是一个名副其实的礼仪之邦。日本人相互见面或分别时，都要行鞠躬礼，或一面握手，一面行鞠躬礼。日本女子则是只行鞠躬礼，而不握手。在各种商务场合中，如果日本女子主动伸出手来，作为来宾就要应和，但握手时不要用力过猛或久握不松手；遇到年长者或身份较高的人也一样。日本人把善于控制自己的举止视为一种美德，他们主张低姿态待人，说话时尽量避免凝视对方，并弯腰鞠躬，以示谦虚和有教养。

日本人相互见面时最普通的用语有：您早、再见、请休息、晚安、对不起、拜托您了、请多关照、失陪了……但绝不会问"您吃饭了吗？"他们一般不在走廊上或公共交通道路上长时间谈话。

日本人非常守时。在商务活动中，一定要按约定的时间准时到场。同日本人打招呼时，要称呼他们的姓，只有家里人和朋友才称呼名字，一般人不要叫他们的名字。可以称姓加上"先生"就行了。如果同日本朋友有了进一步的了解，并希望表示尊重，则可以称呼其姓加上"君"，如山田君。这会使你们的关系更近一些，但是"君"不应加在根本不认识人的姓后。如果对每个人都以君相称，是一种不真诚的表示。

与日本人初次见面时，交换名片已成为一种最基本的礼节。如果初次相会时忘带或不带名片，不仅失礼，而且会被对方认为不好交往或拒绝与之交往。在接名片时，习惯上是左手接对方的名片，右手送自己的名片。日本人在与他人交往时也经常会在名片背后简单写几句话寄给对方，互致问候。

日本是一个盛行送礼的国家，日本人喜欢名牌货，送给别人的礼物可以对受礼人毫无用处，但应该是名牌货，这样便于转送他人。在日本，转送礼品是常有之事。日本人送礼讲究礼品装饰，往往要把礼品包上好几层，再系上一条好看的缎带或纸绳。接收礼品时要用双手，并行鞠躬礼表示谢意。

在晚上款待日本人，最好不要请日本人的妻子，自己也不要带妻子。但在正式宴会上，要请日本人偕夫人一同参加。如果想回避在晚宴上谈生意，也可以这样做。在日本人的夫人面前谈生意，会使她们感到尴尬。

6. 禁忌

日本人忌讳绿色，认为绿色不祥；忌荷花图案；忌"9"、"4"等数字，因"9"在日语中发音和"苦"相同，而"4"的发音和"死"相同。所以日本人住饭店或进餐厅，不要安排他们住4号楼、第4层或4号餐桌。日本商人忌2月和8月，因为这两个月是营业淡季。日本人忌三人合影，因为三人合影，中间人被夹着，这是不幸的预兆。他们还忌金眼睛的猫，认为看到这种猫的人要倒霉。日本人喜爱仙鹤和龟，因为这是长寿的象征。日本妇女忌问其私事。在日本"先生"一词仅限于称呼教师、医生、年长者、上级或有特殊贡献的人，对一般人称"先生"会使他们处于尴尬境地。

日本人饮食上忌讳8种用筷子的方法，叫作"忌八筷"，即忌舔筷、迷筷、移筷、扫筷、抽筷、掏筷、跨筷和剔筷。同时，忌用同一双筷子给宴席上所有人夹取食物。

（四）新加坡的礼俗

"新加坡"三字的意思是"狮子城"。新加坡土地面积较小，是由新加坡岛及其附近的小岛组成，风景秀丽，以"花园城市"享誉世界。新加坡人口中有很大一部分是华裔新加坡人，其他为马来血统的人和印度血统的人等。新加坡人特别讲究卫生，在该国随地吐痰、扔弃物者均要受到法律制裁。

1. 宗教信仰

华裔新加坡人信奉佛教，而且很虔诚，他们有室内诵经的习惯，诵经时切不可打扰。华裔新加坡人来华喜欢进佛寺烧香、跪拜并捐香火钱。印度血统的新加坡人多数信仰印度教。马来血统的人、巴基斯坦血统的人多数信奉伊斯兰教，当然还有一些人是信奉天主教和基督教的。

2. 服饰

新加坡人非常讨厌男子留长发，对蓄胡子者也不喜欢。在一些公共场所，常常竖有一个标语牌："长发男子不受欢迎"。新加坡对嬉皮型留长发的男性的管制相当严格，留着长发、穿着牛仔装、脚穿拖鞋的男士，可能会被禁止入境。尤其是年轻人，出国时必须穿得清清爽爽，不要把头发留得长可及肩。

3. 节庆

华裔新加坡人过春节时，有孩子守岁、大人祭神祭祖、放鞭炮、长辈给孩子压岁钱、走亲访友、迎神、演戏、赶庙会、举行灯会等等风俗习惯，与中国唐代、宋代时过春节的风俗相同。新加坡把每年4月17日食品节定为全国法定节，节日来临时食品店准备许多精美食品，国人不分贫富，都要购买各种食品合家团聚或邀请亲友，以示祝贺。

4. 饮食习惯

主食为米饭、包子，不吃馒头；副食为鱼虾，如炒鱼片、油炸鱼、炒虾仁等。不信佛教的人爱吃咖喱牛肉。吃水果爱吃桃子、荔枝、梨。下午爱吃点心，早点喜用西餐。偏爱中国广东菜。

5. 礼貌礼节

新加坡人特别讲究礼貌礼节，该国旅游业得以迅速发展的一个重要原因就是服务质量高、礼貌服务做得好。为发展旅游业，该国经常举办"礼貌运动"。华裔新加坡人在礼貌礼节方面不但与我国非常相近，而且保留了许多中国古代遗风，如两人相见时要相互作揖等。来华的旅游者中，不少人华语水平很高，使用华语礼貌用语很娴熟。印度血统的人因多数信奉印度教，故仍保持着印度的礼节和习俗，如妇女额头上点着檀香红点，男人腰扎白带，见面行合十礼。而马来血统、巴基斯坦血统的人则按伊斯兰教的礼节待人接物。

6. 禁忌

新加坡人视紫色、黑色为不吉利。黑白黄为禁忌色。与新加坡人谈话，忌谈宗教与政治方面的问题，不能向他们讲"恭喜发财"的话，因为他们认为这句话有教唆别人发横财之嫌，是挑逗、煽动他人干于社会和他人有害的事。虔诚的佛教徒及印度教、伊斯兰教徒谨守他们的宗教禁忌，接待时要弄清他们的宗教信仰或让他们主动提出要求，不要因不懂他们的禁忌而导致失礼。

在新加坡，进清真寺要脱鞋。在一些人家里，进屋也要脱鞋。由于过去受英国的影响，新加坡已经西方化。但当地人仍然保留了许多民族的传统习惯，所以，打招呼的方式各有不同，最通常的是人们见面时握手，对于东方人可以轻轻鞠一躬。

新加坡人接待客人一般是请客人吃午饭或晚饭。同新加坡的印度人或马来西亚人吃饭时，注意不要用左手。到新加坡人家里吃饭，可以带一束鲜花或一盒巧克力作为礼物。谈话时，避免谈论政治和宗教。可以谈谈旅行见闻、所去过的国家以及新加坡的经济成就。

（五）马来西亚的礼俗

马来西亚位于东南亚，南与新加坡接壤，北与泰国毗邻。近年来与我国交往日趋频繁，来华经商与旅游观光的人数年年增多，是一个不可忽视的客源国。

1. 宗教信仰

在马来西亚，人们大多信奉伊斯兰教，其他宗教信仰者虽然也有，但为数不多。伊斯兰教为该国国教。

2. 节庆

除国庆节、元旦外，马来西亚的穆斯林要过两个重要的宗教节日，即开斋节和古尔邦节。

3. 饮食习惯

受伊斯兰教的影响，大多数马来西亚人喜食牛、羊肉，饮食口味清淡，怕油腻，爱吃的其他副食还有鱼、虾等海鲜和鸡、鸭等家禽，以及新鲜蔬菜。马来西亚人爱食椰子、椰子油和椰子汁，他们用椰子油烹调做菜，并用咖喱粉作调料。他们欣赏中国的广东菜、四川菜，爱好用烤、炸、爆、炒、煎等烹饪方式做菜，口味带辣。由于地处热带，盛产水果，马来西亚人习惯餐餐吃各种水果。

马来人用餐习俗独特，一般用右手抓饭进食，只有在高级餐馆和西式的宴会上，马来西亚人才用刀叉和汤匙。在马来西亚人的宴席上，在摆放的各种食品和菜肴之间，通常也放着几碗清水，那是专供洗手用的。即使客人在用餐前已洗过手，在用手取食物前，出于礼貌也可把手在水碗中沾湿，以示尊重主人的安排。

4. 礼貌礼节

马来西亚人友好和善，注重礼貌礼节，尊老爱幼，其礼貌礼节规范类似其他信奉伊斯兰教的国家。

5. 禁忌

马来西亚人忌食狗肉、猪肉，忌讳使用猪皮革制品，忌用漆筷（因漆筷制作过程中用了猪血），忌谈及猪、狗的话题。他们认为左手不干净，故不用左手为别人传递东西。此外，在公共场合，不论男女衣着不得露出胳膊和腿部。忌用黄色，不穿黄色衣服。单独使用黑色认为是消极的。忌讳的数字是"0"、"4"、"13"。在马来西亚是禁酒的，因此在用餐时不用酒来招待客人。马来西亚人认为，客人若在做客时不吃不喝，是对主人的不尊敬，并因此会引起主人的反感，有的甚至会被视为不受欢迎的人；拿着食物在公共场合吃，也是不文明之举。

马来西亚人的头部、背部被视为神圣不可侵犯的"禁区"，若有他人触摸他们的头部或拍打其后背，会被视为不文明之举，甚至会引起主人不悦。他们还忌讳用左手同人握手、接物和递送东西，认为左手是卑贱和不洁净的，使用左手是对人的极大不敬；他们也忌讳用食指指人；忌讳双腿分开坐和跷二郎腿，认为这是不礼貌的。马来西亚人忌讳乌龟，认为它是一种不吉祥和不洁的动物，会给人带来厄运，令人生厌。

（六）泰国的礼俗

泰国盛产大象，而且该国特别珍视稀有的白象，泰国人认为白象是圣物和佛的化身。

泰国人的生活特点和风俗习惯与我国的南方一些省份有相近之处。

1. 宗教信仰

在泰国境内遍布着千余座佛教寺庙，泰国人大多数笃信佛教，该国以小乘教为国教。男子成年后必须去寺庙至少当3个月的和尚，即使王公贵族也不例外。和尚穿黄衣，故泰国有"黄衣国"之称。

2. 节庆

主要节日有元旦，又称佛历元旦，庆祝非常隆重；水灯节，又称佛兄节（泰历12月15日，公历11月间）；送干节，也叫求雨节（每年3月至5月）；每年5月泰国宫廷还举行春耕礼，这是由国王亲自主持的泰国宫廷大典之一。

3. 饮食习惯

泰国人主食为大米，副食是蔬菜和鱼。他们喜欢吃辣味食品，而且越辣越好。可能是天气炎热和喜食辛辣的缘故，泰国人在餐前有先喝一大杯冰水的习惯。泰国人还爱吃鱼露，不爱吃牛肉及红烧食品，食物中不习惯放糖。至于饮料，泰国人爱喝白兰地和苏打水，也喝啤酒、咖啡；饮红茶时爱吃干点心和小蛋糕。饭后喜欢吃鸭梨、苹果等水果，但不吃香蕉。

4. 礼貌礼节

在泰国，游客如果对寺庙、佛像、和尚等做出轻率的举动，就被视为"罪恶滔天"。拍摄佛像尤其要小心。譬如，以为佛像高大，觉得好玩，人就骑到上面，很可能就会惹出大风波。曾有观光客由于跨上佛像拍照而被课刑。进入泰国人的私宅或寺庙，务必脱鞋或草履。从进入寺庙的门口开始，赤腿而行。到当地人家中做客，如果发现室内设有佛坛，应马上脱掉脚上穿的鞋和袜，戴帽子的人也必须立刻摘去帽子。和尚的地位崇高无比，因此，客商必须"入境随俗"，不能大意。为了接待和尚，洽谈业务的事往往只好让位。在泰国观光，到处可见卖佛像的工艺品店，买到佛像要十分敬重，切不可当它是一种玩物，随意放置或粗手粗脚地动它，这种行为会引起泰国人的不快。泰国对酒类贩卖时间有规定：凌晨2点以后，不准再卖酒，这是国家的法律。

除非在相当西化的场合，泰国人见面时不握手，而是双手合十放在胸前。初到泰国，要注意当地人所行的合掌见面礼，泰国话叫作"Wai"，外人也可以照样行礼，双手抬得越高，表示越对客人尊重，但双手的高度不能超过双眼。一般双掌合起应在额至胸之间，注意，地位较低或年轻者，应先向对方致合掌礼。唯和尚可不受约束，不必向任何人还合掌礼，即使面见泰王和王后，也不用还礼，只是点头微笑致意。

泰国人不是按姓来称呼对方，如"陈先生"、"李先生"、"张女士"，而是称"建国先生"、"章达先生"、"秀兰女士"。到泰国人家做客，进屋时先脱鞋。在和泰国人的交往中，可以送些小的纪念品，送的礼物事先应包装好。送鲜花也很合适。

5. 禁忌

泰国人特别崇敬佛和国王，因此不能与他们或当着他们的面议论佛和国王。泰国人最忌他人触摸自己的头部，因为他们认为头是智慧所在，是宝贵的。小孩子绝不可触摸大人的头部。若打了小孩子的头，他们就认为孩子一定会生病。泰国人睡觉忌讳头向西方，忌用红笔签名，因为头朝西和用红笔签名都意味着死亡。忌脚底向人和在别人面前盘腿而坐，忌用脚把东西踢给别人，也忌用脚踢门。就座时，泰国人忌跷腿，妇女就座时双腿要并拢，否则会被认为无教养。在泰国，男女仍然遵守授受不亲的戒律，故不可在泰国人面前表现出男女过于亲近。当着泰国人的面，最好不要踩门槛，因为他们认为门槛下住着神灵。泰国人忌讳褐色，而喜欢红色、黄色。他们习惯用颜色来表示不同的日期，如星期日为红色，星期一为黄色，星期二为粉红色，星期三为绿色，星期四为橙色，星期五为淡蓝色，星期六为紫红色。在泰国，人们忌讳狗的图案。

二、北美洲国家的礼俗

北美洲主要国家是美国和加拿大。由于地理位置优越，自然环境良好，工农业生产的专门化、机械化和商品化发展较早、起步快，两国迅速成为资本主义发达国家。旅游业在美国、加拿大也很发达，这两国既是旅游市场，又是旅游客源国。自20世纪80年代以来，改革开放促使我国经济迅猛发展，社会主义建设的巨大成就举世瞩目，这两个国家中被吸引到我国的商务客和观光客日益剧增，在我国的海外旅游客源中占有相当大的比例。

（一）美国的礼俗

美国是一个多民族的移民国家，历史不长，但经过200余年各民族相融、兼收并蓄，在习俗和礼节方面，形成了以欧洲移民传统为主的特色。

美国人给人总的印象是：性格开朗，乐观大方，不拘小节，讲究实际，反对保守，直言不讳。

1. 宗教信仰

在美国，大约有 30% 的人信仰基督教，20% 左右信仰天主教，其他人则信仰东正教、犹太教或佛教等多种宗教。

2. 节庆

美国的国庆称"独立节"，在每年的 7 月 4 日。圣诞节是美国人最重视的节日。固定的节日还有感恩节，也叫火鸡节，在每年 11 月的第 4 个星期四举行。定在每年 6 月第 3 个星期日的父亲节和 5 月第 2 个星期日的母亲节，都是为了感激父母养育之恩的传统节日。美国的青年人还喜欢过愚人节。美国的植树节是为纪念农学家莫尔顿的提议而设立的，故现在就以这位科学家的生日（4 月 22 日）为节日。

3. 饮食习惯

美国人的饮食习惯有几个明显的特点：一是不喜欢油腻，喜清淡，新鲜的蔬菜生的、冷的都吃，鸡、鸭、鱼、带骨的食品要剔除骨头后才能做菜；二是喜欢吃咸中带甜的食品，烹调的方法偏爱煎、炒、炸，但不用调味品，而是把番茄沙司、胡椒粉、精盐、辣酱油等调味品放在桌上，任进餐者根据自己的口味自由调配；三是讨厌奇形怪状的食品，如鳝鱼、鸡爪、海参、猪蹄之类，清蒸的、红烧的都不吃；四是不吃脂肪含量高的肥肉和胆固醇含量高的动物内脏。美国人对我国北方的甜面酱、南方的海鲜酱很有兴趣。他们平时自己做菜时喜欢用水果作配料，用苹果、紫葡萄和凤梨等来烧肉类、禽类食品。水果也用在做冷菜上，以色拉油调和，不用色泽深沉的酱油。

美国人一般不喝茶，爱喝冰水、冰矿泉水、冰啤酒和冰可口可乐等软性饮料和冰牛奶，而且越冰越好。饭前习惯喝些果汁，如橙汁、番茄汁；用餐过程中饮啤酒、葡萄酒等；餐后有喝咖啡助消化的习惯。在饮料上，美国人的消费量很大。

4. 礼貌礼节

美国人一般都性格开朗，乐于与人交往，并且不拘泥于正统礼节，没有过多的客套。与人相见不一定以握手为礼，而是笑笑，说声"Hi（你好）"就算有礼了；分手时习惯地挥挥手，说声"bye（再见）"。如果别人向他们行礼，他们也会用相应的礼节作答，如握手、点头、行注目礼、行接吻礼等。行接吻礼只限于对特别亲近的人，而且只吻面颊。对美国妇女，不要存男女有别的观念，要充分尊重她们的自尊心。见面时，如果她们不先伸手，不能抢着要求握手；如果她们已经将手伸出来，则要立即做出相应的反应，但不能握得太紧，或长时间不松手。

美国人讲话中礼貌用语很多，"对不起"、"请原谅"、"谢谢"、"请"等脱口而出，显得很有教养。他们在同别人交谈中喜欢夹带手势，有声有色。但他们不喜欢别人不礼貌地打断他们讲话。另外，如同其他外国人一样，美国人很重视隐私权，忌讳被人问及个人私事；交谈时与别人总保持一定的距离，所以与美国人谈话不得靠得太近，当然若太远也会被认为失礼。在服务中，用一根火柴或打火机为美国人点烟时，切记不能连续点三个人，这样会引起他们的反感，正确的方法是一根火柴点一根烟，分别服务。

现代的美国人平时不太讲究衣着，爱穿什么，就穿什么，具有个性，只有在正式的社交场合才讲究服饰打扮。年轻一代的美国人更是随便，旅游时为了轻便，往往穿着T恤衫、牛仔裤、休闲鞋，背个包就出门了。美国妇女日常有化妆的习惯，但不浓妆艳抹，在她们眼里化淡妆是种需要，也是表示尊重别人。在美国崇尚"女士第一"，在社会生活中"女士优先"是文明礼貌的体现。

接待美国人时要注意他们有晚睡晚起的习惯，但在与人交往中能遵守时间，很少迟到。他们通常不主动送名片给别人，只是双方想保持联系时才送。当着美国人的面如果想吸烟，需先问对方是否介意，不能随心所欲、旁若无人。

5. 禁忌

美国人忌"13"、"星期五"等，他们还忌蝙蝠作图案的商品和包装，认为这种动物吸人血，是凶神的象征。美国人忌讳与穿着睡衣的人见面，这是严重失礼的，因为他们认为穿睡衣就等于不穿衣服。美国人不提倡人际间交往送厚礼，否则要被涉嫌认为别有所图。

（二）加拿大的礼俗

加拿大是一个年轻富庶的国家，加拿大人热情友好，文明礼貌，踏实勤奋。他们喜爱现代艺术，酷爱体育运动。由于该国地理纬度高，气候寒冷，加上众多的巨大的天然场地，雪上运动项目相当普及。

1. 宗教信仰

加拿大人主要是欧洲移民的后裔。以英国人、法国人血统为多，除魁北省人讲法语外，其他地区人均讲英语。加拿大人中大部分信仰天主教、基督教。

2. 节庆

加拿大人多为欧洲血统，宗教信仰上又沿袭祖先的崇拜，所以该国的节庆都是西方国家共有的，如圣诞节、感恩节等。

3. 饮食习惯

在饮食口味上，加拿大人喜食酸甜的、清淡的、不辣的食品，烹调中不用调料，上桌后由用餐者随意选择调味品。除炸烤的牛排、羊排、鸡排外，他们也爱吃野味。来中国后，他们乐意接受中国的名菜。

平时，加拿大人早餐喝牛奶和果汁，吃土司、麦片粥、煎或煮的鸡蛋。在饮料的品种上与美国人的选择相仿，只是不像美国人那样强调"一定要冰镇"。

加拿大人喜欢喝下午茶，苹果派、芝士等甜品是他们在喝咖啡时喜爱品尝的。

可能是天气寒冷的缘故，不少加拿大人嗜好饮酒。威士忌、白兰地、伏特加都很受欢迎。

晚餐（正餐）是加拿大人最重视的一餐。他们注意营养，要喝原汁原味的清汤；

他们也讲究饮食上的科学，不吃胆固醇含量高的动物内脏，也不吃脂肪含量高的肥肉。

4. 礼貌礼节

加拿大人讲究实事求是，与他们交往不必过于自谦，不然会被误认为虚伪和无能。加拿大人通常行握手礼，讲究使用礼貌语言，注重必要的礼节。

5. 禁忌

除天主教、基督教中的忌讳以外，加拿大人还忌讳别人赠送白色的百合花，因为加拿大人只有在葬礼上才使用这种花，这点要千万注意。颜色方面，他们一般不喜欢黑色和紫色。在宴席上，他们喜用双数（偶数）安排座次。

三、欧洲国家的礼俗

欧洲国家众多，人口相当密集，民族众多，语言按语系分类。习惯上，人们把欧洲细分为东、西、南、北、中5个区域，其中包括北欧的瑞典、芬兰、丹麦、挪威，西欧的英国、荷兰、法国、比利时，中欧的德国、奥地利、瑞士，以及南欧的意大利、西班牙等国家。这些国家自然环境优美、文化古迹多，而且工业相当发达，国民生活水平高，吸引世界各地游客去欧洲观光游览；同时，每年大量的欧洲游客涌向世界各地，是世界上最大的客源地区。近年来欧洲游客也向往到东方，特别是来中国亲眼看到闻名天下的北京长城、故宫，西安的秦俑，以及桂林的山水等。

（一）法国的礼俗

法国是旅游资源非常丰富的国家，同时也是我国旅游业的主要客源国之一。

1. 宗教信仰

大多数法国人信奉天主教，少数信奉基督教和伊斯兰教。

2. 节庆

法国人过年，家中的酒要全部喝完，他们认为过年若不喝完家里的酒，来年就要交厄运。法国人过其他节日也大量喝酒，如每年7月14日的国庆节、5月8日的停战节等。11月1日是法国人祭奠先人及为国捐躯者的节日，叫作"万灵节"，也称"诸圣节"。体育节在每年3月中旬的第一个星期日。

3. 饮食习惯

法国人的饮食特点是喜鲜嫩、肥浓，做菜用酒较重；肉类菜不烧得太熟，有的只有二三成熟，最多七八成熟；喜欢生吃牡蛎。菜肴的配料爱用大蒜、丁香、芹菜、胡萝卜和洋葱。此外，法国人还爱吃蜗牛、青蛙腿及酥食点心。他们的家常菜是牛排和土豆丝，鹅肝是法国的名贵菜。法国人每天都离不开奶酪。他们不爱吃不长鳞片的鱼类，爱吃水果，而且餐餐要有。

法国人早餐一般吃面包、黄油，喝牛奶、浓咖啡；午餐喜欢吃炖鸡、炖牛肉、炖火腿、焖龙虾、炖鱼等；晚餐一般很丰盛。法国人各种蔬菜都喜欢吃，但要新鲜；他们不喜辣味，爱吃冷盘，对冷盘中的食品，习惯自己切着吃。因此，若用中餐招待法国人，要在摆中餐具的同时摆上刀叉。法国人不太喜欢吃汤菜。

法国人喜欢喝啤酒、葡萄酒、苹果酒、牛奶、红茶、咖啡、清汤等。

4. 礼貌礼节

法国人乐于助人，谈问题不拐弯抹角，不急于做出结论，但做出结论后都明确告知对方。约会讲准时，不准时被认为是不礼貌的。

法国人待人彬彬有礼，礼貌语言不离口。稍有不当，如偶尔碰了别人一下，就认为自己失礼而马上说："对不起。"在公共场所，他们从不大声喧哗。

在公共场所，不能随便指手画脚、掏鼻孔、剔牙、掏耳朵；男子不能提裤子，女子不能隔着裙子提袜子；女子坐时不能跷二郎腿，双膝要靠拢。男女一起看节目，女子坐在中间，男子则坐在两边。不赠送或接受有明显广告标记的礼品，而喜欢有文化价值和艺术水平的礼品。不喜欢听蹩脚的法语。

法国人行接吻礼时，规矩很严格；朋友、亲戚、同事之间只能贴脸或颊，长辈对小辈是亲额头，只有夫妇或情侣才真正接吻。

5. 禁忌

法国人忌黄色的花，认为黄色花象征不忠诚；忌黑桃图案，视之为不吉利；忌仙鹤图案，认为仙鹤是蠢汉和淫荡的象征；忌墨绿色，因为纳粹军服是墨绿色；忌送香水给关系一般的女人，在法国认为送香水给女人意味着求爱。

（二）德国的礼俗

德国人民生活水平颇高、有薪假期长，公民出国旅游十分普遍。该国的旅游业也很发达，有不少吸引游客的文物古迹和游乐设施。

1. 宗教信仰

居民中信奉基督教的约占一半，另有约 46% 的人信奉天主教。

2. 节庆

除传统的宗教节日外，最主要的节日是举世闻名的慕尼黑啤酒节，该节从每年 9 月最后一周到 10 月第一周，连续超过半个月，热闹非凡，节日期间所喝的啤酒可汇集成河。德国科隆的狂欢节从每年 11 月 11 日 11 时 11 分开始，持续数十天，到来年复活节前 40 天才算过完。复活节前一周的星期四是妇女节。妇女们这天不但可以坐上市长的椅子，还可以拿着剪刀在大街上公然剪下男子的领带。

3. 饮食习惯

德国人早餐比较简单，一般只吃面包，喝咖啡。午餐是他们的主餐，主食一般是面包、蛋糕，也吃面条和米饭；副食喜欢吃瘦猪肉、牛肉、鸡蛋、土豆、鸡鸭、野味，不大喜欢吃鱼虾等海味，也不爱吃油腻、过辣的菜肴，口味喜清淡、酸甜。晚餐一般吃冷餐，吃时喜欢关掉电灯，只点几支蜡烛，在幽暗的光线下边谈心边吃喝。他们爱吃各种水果及甜点。德国人以啤酒为主，也爱喝葡萄酒。此外，德国人在外聚在一起吃饭，在不讲明的情况下，要各自掏钱。

4. 礼貌礼节

德国人好清洁，纪律性强，在礼节上讲究形式，约会讲准时。在宴会上，一般男子要坐在妇女和职位高的人的左侧。女士离开和返回饭桌时，男子要站起来以示礼貌。请德国人进餐，事前必须安排好。他们不喜欢别人直呼其名，而要称头衔。接电话要首先告诉对方你的姓名。与他们交谈，可谈有关德国的事以及个人业余爱好和体育，如足球，但不要谈篮球、垒球和美式橄榄球运动。

5. 禁忌

除宗教禁忌外，德国人对颜色禁忌较多，茶色、黑色、红色、深蓝色他们都忌讳；服饰和其他商品包装上禁用"干"或类似符号；他们还忌吃核桃，忌送玫瑰花。

（三）英国的礼俗

对我国旅游业来说，英国是主要客源国之一。

1. 宗教信仰

绝大部分人信奉基督教，只有北爱尔兰地区的一部分居民信奉天主教。

2. 节庆

英国除了宗教节日外，还有不少全国性和地方性的节日。在全国性节日中，国庆和新年之夜是最热闹的。英国国庆按历史惯例定在英王生日那一天。新年之夜全家围坐，聚餐饮酒，唱辞岁歌辞旧迎新。英格兰的新年礼物是煤块，拜亲访友时进门要把煤块放入主人家的炉子内，并说："祝你家的煤长燃不熄。"

3. 饮食习惯

英国人饮食没有什么特别的禁忌，只是口味喜清淡酥香，不爱辣味。有些比较讲究的英国人一日四餐：早餐丰盛，一般吃麦片、三明治、奶油点心、煮鸡蛋，饮果汁或牛奶；午餐较简单；午后饮茶也算一餐，通常喝茶，吃面包、点心；晚餐最讲究，吃煮鸡、煮牛肉等食物，也吃猪、羊肉。英国人做菜不爱放酒；调味品放在餐桌上，任进餐者随意调味；用餐讲究座次、服饰、方式。

英国人爱喝茶，一早起床就要喝一杯浓红茶。倒茶前，要先往杯子里倒入冷牛奶，加点糖，若先倒茶后倒奶会被认为无教养。他们常饮葡萄酒和冰过的威士忌苏打水，也有的喝啤酒，一般不饮烈性酒。

英国人每餐都喜欢吃水果，晚餐还喜欢喝咖啡。夏天爱吃各种果冻和冰淇淋，冬天则爱吃蒸的布丁。

4. 礼貌礼节

英国人较注意服饰打扮，什么场合穿什么衣服都有讲究。下班后，英国人不谈公事，特别讨厌就餐时谈公事，也不喜欢邀请有公事交往的人来自己家中吃饭。在宴会上若英国人当主人，他可能先为女子敬酒，敬酒之后客人才能吸烟、喝酒。当着英国人面要吸烟时，要先礼让一下。

"女士第一"在英国比世界其他国家都明显，因此接待英国妇女时必须充分尊重她们。对英国人用表示胜利的手势"V"时，一定要注意手心对着对方，否则会招致不满。同英国人闲谈时最好谈天气等，不要谈论政治、宗教和有关皇室的小道消息。安排英国客人的住房时，要注意他们喜欢住大房间并愿独住的特点。英国人重视礼节和自我修养，所以也注重别人对自己是否有礼，重视行礼时的礼节程序。他们很少在公共场合表露自己的感情。

英国人特别欣赏自己的绅士风度，认为这种风度是他们的骄傲。他们感情内敛，不喜欢别人问及有关个人生活的问题，如职业、收入、婚姻等。对于上厕所，也不直接说，而代之以"我想洗手"等，提醒别人时也说"你想洗手吗"。

英国人，特别是年长的英国人，喜欢别人称他们的世袭头衔或荣誉头衔，至少要用先生、夫人、阁下等称呼。见面时对初次相识的人行握手礼。在大庭广众之下，他们一般不行拥抱礼，男女在公共场合不手拉手走路。他们安排时间讲究准确，而且照章办事。若请英国人吃饭，必须提前通知，不可临时匆匆邀请。英国人若请你到家赴宴，可以晚去一会儿，但不可早到。若早到，有可能主人还没有准备好，导致失礼。

5. 禁忌

英国人对数字除忌"13"外，还忌"3"，特别忌用打火机或火柴为他们点第三支烟。一根火柴点燃第二支烟后应及时熄灭，再用第二根火柴点第三个人的烟才不算失礼。与英国人谈话，若坐着谈应避免两腿张得过宽，更不能跷起二郎腿；若站着谈不可把手插入衣袋。忌当着英国人的面耳语，不能拍打肩背。英国人忌用人像做商品装潢，忌用大象图案，因为他们认为大象是蠢笨的象征。英国人讨厌孔雀，认为它是祸鸟，把孔雀开屏视为自我炫耀和吹嘘。他们忌送百合花，认为百合花意味着死亡。

（四）俄罗斯的礼俗

俄罗斯是一个大国，有着悠久的历史和丰富的传统文化。近年来，随着两国睦邻友好关系的发展，边境贸易剧增，引来了大量的旅游客源。

1. 宗教信仰

俄罗斯人主要信仰东正教，这是该国的国教。

2. 节庆

俄罗斯人每年要过圣诞节、洗礼节和旧历年等。

3. 饮食习惯

俄罗斯人日常以面包为主食，鱼、肉、禽、蛋和蔬菜为副食。他们喜食牛、羊肉，但不大爱吃猪肉，偏爱酸、甜、咸和微辣口味的食品。

俄罗斯人喝啤酒佐餐，酒量也很大。他们最喜欢喝高度烈性的"伏特加"，对我国产的"二锅头"等白酒也是爱不释手。俄罗斯人在喝红茶时有加糖和柠檬的习惯，通常他们不喝绿茶。酸牛奶、果子汁则是妇女和儿童们喜爱的饮料。

俄罗斯人的早餐较简单，吃上几片黑面包、一杯酸牛奶就可以了。但午餐和晚餐很讲究，他们要吃肉饼、牛排、红烧牛肉、烤羊肉串、烤山鸡、鱼肉丸子、炸马铃薯、红烩的鸡和鱼等。俄罗斯人爱吃中国的许多肉类菜肴，对北京的烤鸭很欣赏，但不吃木耳、海蜇、海参之类的食品。

俄罗斯人在午餐和晚餐时一定要喝汤，而且要求汤汁浓，如鱼片汤、肉丸汤、鸡汁汤等。

凉菜小吃中，俄罗斯人喜欢吃生西红柿、生洋葱、酸黄瓜、酸奶渣以及酸奶油拌色拉等。他们进餐时吃凉菜的时间较长，故服务时不要急于撤盘。

4. 礼貌礼节

俄罗斯人性格豪放、开朗，喜欢谈笑，组织纪律性强，习惯统一行动。这个民族认为给客人吃面包和盐是他们最殷勤的表示。他们与人相见，先开口问好，再握手致意。朋友间行拥抱礼并亲面颊。与人相约，讲究准时。他们尊重女性，在社交场合，男性还帮女性拉门、脱大衣，餐桌上为女性分菜等。称呼俄罗斯人要称其名和父名，不能只称其姓。他们爱清洁，不随便在公共场所扔东西。俄罗斯人重视文化教育，喜欢艺术品和艺术欣赏。当代年轻的俄罗斯人中也有不少开始崇拜西方文化，酷爱摇滚乐、牛仔裤等舶来品。俄罗斯人普遍习惯洗蒸汽浴，洗法也很特别，洗时要先用桦树枝拍打身子，然后再用冷水浇身。

5. 禁忌

与俄罗斯人交往不能说他们小气。初次结识俄罗斯人忌问对方私事。不能与他们在背后议论第三者。对妇女忌问年龄等。

（五）意大利的礼俗

意大利的首都罗马有三多：教堂多、喷泉多和雕塑多。其他几个闻名于世的古城也有许多吸引人的古建筑、现代艺术品、游览设施，因此意大利是一个有诱惑力的旅游资源丰富的国家。因为属于发达国家，有钱的意大利人也有周游列国的欲望。近年来，愈来愈多的意大利人前来我国旅游。

1. 宗教信仰

意大利人绝大多数信奉天主教。天主教在意大利有着很大的传统影响，首都罗马城内的梵蒂冈是世界天主教的中心。

2. 节庆

意大利人过基督教三节的盛况为世人瞩目。他们的狂欢节在世界上很有名。意大利狂欢节在每年 2 月中旬进行，比德国狂欢节的时间短，与巴西的狂欢节过法也不相同。此外，还有罗马建城节（4 月 21 日）、情人节（2 月 14 日）。蛇节无疑使害怕蛇的人望而生畏，因为这一天人们手中拿着蛇，街上爬着蛇。意大利人过新年要放鞭炮，摔瓶子、花盆等，热闹非凡。

3. 饮食习惯

意大利人喜欢吃米饭和面食，面食的种类繁多，不仅可以当主食，而且可以当菜肴。该国菜肴具有味浓、原汁原味的特点。由于意大利三面濒海，海鲜丰富，意大利人喜食海鲜。他们喜欢吃生的牡蛎及蜗牛。

来华的意大利人对我国粤菜、川菜比较喜欢，但川菜要不辣或微辣。餐后，意大利人喜欢吃水果，如苹果，也有人喜喝酸牛奶。酒是意大利人离不开的饮料，特别是葡萄酒，不论男女，几乎餐餐都喝。吃一顿饭，菜只要两三道，但酒却要喝上一两个小时，连喝咖啡也要对上一些酒。过节时，更要开怀畅饮。

4. 礼貌礼节

意大利人亲友之间经常跳舞联欢，待人接物也颇多艺术情调。意大利大学生毕业后一般都有头衔，喜欢别人称呼他们的头衔。有些意大利人不太注意约会的准时。与意大利人的谈话内容可以是家庭、工作、新闻及足球，但不要与他们谈论政治和美国的橄榄球。

5. 禁忌

意大利人忌菊花，因为菊花是他们祭坟扫墓时才用的花。

四、大洋洲国家的礼俗

大洋洲是世界上第七大洲，是由澳大利亚、新西兰及许多岛国组成的。16 世纪前，这里人烟稀少，只有土著人居住。后来随着英国和其他欧洲移民的迁居，大洋洲诸岛就成了英国等发达国家的殖民地。现在，这一地区大多数国家已摆脱了殖民统治，获得独立，其中最先独立的是拥有世界珍稀动物袋鼠、鸵鸟、鸭嘴兽和黑天鹅的澳大利亚。

（一）澳大利亚的礼俗

澳大利亚是一个后起的资本主义国家，曾沦为英国殖民地，独立后仍为"英联邦"成员国。澳大利亚的人口中 95% 为英国移民的后裔，通用英语。

澳大利亚地大物博，采矿工业发达，铁、铝、铜、金等矿产品的产量均居世界前列，农牧业以小麦和养羊为主，羊的总头数常居世界第一位。由于人民生活水平高，出国旅游人数多，是我国主要的客源国之一。

1. 宗教信仰

大多数澳大利亚人信奉天主教和基督教。

2. 节庆

当北半球的国家在 12 月底欢度圣诞节的时候，位于南半球的澳大利亚正处于仲夏时节，所以澳大利亚的圣诞节与众不同，别有风趣。圣诞老人穿着大红皮袄、踏着雪橇与烈日下大汗淋漓、吃着冰淇淋的人们形成鲜明的对照，是一番少有的庆贺景象。

3. 饮食习惯

由于历史的原因，人口中英国移民的后裔占绝大多数，他们的饮食习惯与英国人相差不多。菜要求清淡，不喜欢辣味。澳大利亚人喜吃新鲜蔬菜、煎蛋、炒蛋、火腿、鱼、虾、牛肉等。菜肴中的脆皮鸡、炸大虾、油爆虾、糖醋鱼、奶油烤鱼和烧西红柿等是他们常吃的食品。对于中餐，澳大利亚人偏爱广东菜。无论吃西餐或是中餐。他们习惯用很多调味品，在餐桌上由自己调味。

4. 礼貌礼节

澳大利亚人见面时行握手礼，握手时非常热烈，彼此称呼名字，表示亲热。他们办事爽快、认真，喜欢直截了当，也乐于交朋友，碰见陌生人喜欢主动聊天，共饮一杯酒后，就交上了新朋友。澳大利亚人注意遵守时间，并珍惜时间。

5. 禁忌

与英国人相仿。

（二）新西兰的礼俗

新西兰在 1907 年独立前是英国殖民地，现为"英联邦"成员国。国民绝大部分也是英国移民的后裔，讲英语。

新西兰全境多山，山地面积占全国面积的 1/2，经济上以农牧业为主，盛产肉类、奶油、乳酪和羊毛，并出口到世界各国。与我国有良好的贸易往来。

1. 宗教信仰

新西兰人中有的信奉基督教，属圣公会、长老会，有的信奉天主教。

2. 节庆

主要节日为国庆节（2 月 6 日）、圣诞节等。

3. 饮食习惯

由于盛产乳制品和牛羊肉，所以新西兰人的饮食中少不了这些食物。当然，他们的基本饮食习惯还是与其祖先——英国移民一致。该国虽然人口不多，但每年人均啤酒消耗量却很大。

4. 礼貌礼节

与澳大利亚人相同，见面行握手礼。守时惜时，待人诚恳热情，没有英国式的保守、刻板。

5. 禁忌

新西兰人受信仰的宗教影响，故也有西方人通常的忌讳。

五、非洲和拉丁美洲国家的礼俗

（一）非洲国家的礼俗

非洲是世界文明的发源地之一。非洲人勤劳、智慧。过去的几个世纪中，由于长期受葡萄牙、西班牙、英国、法国、荷兰、比利时、德国以及意大利等殖民者的侵入、瓜分和奴役，非洲成了一个贫穷落后的地区，直至 20 世纪 60 年代后大部分非洲国家纷纷独立，加入了第三世界发展中国家的行列。他们纷纷与我国建立了外交关系，并加强了友好往来。

尽管目前从非洲来华的旅游观光者不多，但还是有必要对非洲人的基本习俗和礼节做个简要的介绍，以便热情友好地接待来自远方的非洲朋友。

大体上非洲人分黑种人和白种人两大类；黑种人分布在非洲的东部、中部和西部及南部的一些国家中，而白种人多数居住在北非地区和南非。黑种人大多信仰原始宗教、拜物教；而白种人则以信奉伊斯兰教为主。他们的习俗往往是由宗教信仰决定的。因此，在服务接待中要先弄清他们的宗教信仰，掌握服务要点，做到尊重宾客。

在一般情况下，非洲人能"入乡随俗"，接受我国的菜点，吃西餐也不成问题，只是不要把猪肉、动物的内脏之类的食品上桌，不要主动供酒就行。特别是对穆斯林，千万不要只用左手递物品，而要用右手或双手；不要与他们谈及政治；做礼拜时不能打扰。表示友好时可行握手礼，并要显得落落大方。对黑人不能直呼其"黑人"，而应称非洲人或某国人，否则他们会认为这种称呼是对他们的歧视、不礼貌。要注意他们所属民族和原属哪个国家殖民地，以便了解他们使用的语言和基本的习俗。非洲人生活在热带，衣、食、住都比较简单；他们有时也不太注意整理房间，对此不必感到奇怪。他们大多爱好音乐、舞蹈，即兴时会手舞足蹈，对此不要表露出吃惊的神态，而应理解他们并做好礼貌服务。由于历史上的缘故，非洲人很注意别人对他们的尊重程度，所以礼貌服务有着特殊意义。

（二）拉丁美洲国家的礼俗

拉丁美洲泛指美国以南的美洲地区，因该地区国家大多讲西班牙语，巴西用葡萄牙语，海地说法语，这些语言均属拉丁语系而得名。

拉丁美洲原为印第安人的居住地。在 15—16 世纪期间，全部被西班牙、葡萄牙侵占而沦为殖民地。随之欧洲移民大量涌入。那里的居民主要是印欧混血种人、黑白混血种人、白种人、印第安人、黑人等。其中以混血种人和欧洲白种人后裔为主，约占60% 以上。拉丁美洲人大多数信奉天主教，其次信仰基督教、原始宗教、印度教、伊斯兰教和犹太教。

拉丁美洲人热情豪放，热情好客，能歌善舞。

拉美各国除欢庆元旦、国庆、圣诞节、复活节之外，还保留了不少民族传统的节日。例如巴西人每年要过"狂欢节"，大跳桑巴舞。拉美各族的习俗多而不同，均带有浓厚的宗教色彩，祈祷平安无事、来年丰收是共同的特点。

拉丁美洲人主食多为面包、玉米饼。他们爱吃的副食品有牛肉、羊肉、鸡、鸭、鱼和各类蔬菜，但不吃蟹、鲍鱼之类的食品。他们善用的烹调方法是烤、焖、炸、煎。在饮食口味上既有欧美国家的特征，也有类似我们中国人的某些特点。

咖啡是拉丁美洲人普遍饮用的饮料，巴西产的咖啡闻名于世。此外，他们也习惯喝红茶，喜爱各种果汁等软性饮料，喜喝葡萄酒，但喝烈性酒的人并不多。

与拉丁美洲人交往，一般行握手礼即可。对属于第三世界发展中国家的拉丁美洲友人，只要注意尊重与友好，服务接待工作是不难做的。

参 考 文 献

[1] 金正昆．服务礼仪教程．3版．北京：中国人民大学出版社，2010．

[2] 唐树伶，王炎．服务礼仪．北京：北京交通大学出版社，2006．

[3] 刘建伟．服务礼仪．北京：人民交通出版社，2011．

[4] 张秋堃．酒店服务礼仪．杭州：浙江大学出版社，2009．

[5] 王冬琨，姚卫．酒店服务礼仪．北京：清华大学出版社，2012．

[6] 酒店服务礼仪课程建设团队．酒店服务礼仪实训教程．西安：西安交通大学出版社，2010．

[7] 贺湘辉，徐文苑．饭店客房管理与服务．北京：北京交通大学出版社，2005．